电子商务服务与农村经济发展

刘晶晶◎著

时代文艺出版社
SHIDAI WENYI CHUBANSHE

图书在版编目（CIP）数据

电子商务服务与农村经济发展 / 刘晶晶著. -- 长春：时代文艺出版社, 2023.11
ISBN 978-7-5387-7365-1

Ⅰ. ①电… Ⅱ. ①刘… Ⅲ. ①电子商务－商业服务－关系－农业经济发展－研究－中国 Ⅳ. ①F724.6 ②F323

中国国家版本馆CIP数据核字(2024)第015593号

电子商务服务与农村经济发展
DIANZISHANGWU FUWU YU NONGCUN JINGJI FAZHAN
刘晶晶　著

出 品 人：吴　刚
责任编辑：苟士纯
装帧设计：文　树
排版制作：隋淑凤

出版发行：时代文艺出版社
地　　址：长春市福祉大路5788号　龙腾国际大厦A座15层（130118）
电　　话：0431-81629751（总编办）　0431-81629758（发行部）
官方微博：weibo.com/tlapress
开　　本：710mm × 1000mm　1/16
字　　数：201千字
印　　张：13.5
印　　刷：廊坊市广阳区九洲印刷厂
版　　次：2023年11月第1版
印　　次：2023年11月第1次印刷
定　　价：76.00元

前　言

随着互联网技术的发展，电子商务活动越来越受到人们的重视。电子商务在城镇市场的发展已日渐成熟，但在农村市场仍有巨大发展潜力。尤其是在乡村振兴发展战略的背景下，农村电子商务正处于政策红利释放期，在农产品网货品牌培育、利用大数据实现精准生产管理营销等方面加强农村电子商务人才培养，已成为当前服务乡村振兴发展战略，助推“三农”高质量发展的重要工作。

电子商务在农村的重要性可以从传统电子商务的视角和意义来理解，这也是在我国建设新农村这一背景下提出的新课题。电子商务是指买方和卖方按照一定的标准进行的各种商业活动。与传统电子商务不同，农村电子商务是以农产品贸易为基础，利用现代信息和通信技术，通过适当的物流流程，使农产品迅速到达消费者手中。农村电子商务的主要内容涵盖了一系列在农村地区推动农产品交易农业生产和农民收入提高的电子商务活动。

本书主要研究电子商务服务与农村经济发展方面的问题，主要内容包括电子商务的基本知识、农村电商发展对策、农村电商运营流程、农村电商商务建设、电子商务服务农村经济的模式、电子商务农村经济创新流程等。本书在内容选取上既兼顾知识的系统性，又强调技术的应用性。本书兼具理论与实际应用价值，可供相关教育工作者参考和借鉴。

由于笔者水平有限，本书难免存在不妥甚至谬误之处，敬请广大学界同仁与读者朋友批评指正。

目　录

第一章　电子商务概述

第一节　电子商务的概念

从20世纪90年代中期开始蓬勃兴起的电子商务浪潮，已经引起世界各国的高度重视。电子商务作为一种新的商务运作模式正影响着各行各业，从政府到企业、从企业到消费者，都被卷入电子商务的浪潮中。要了解和认识电子商务的本质和内涵，必须从基本概念入手。

一、电子商务的概念模型

电子商务的概念模型是对现实世界中电子商务活动的一般抽象描述，它由交易主体、电子市场（Electronic Market，简称EM）、交易事务和信息流、资金流、物流等基本要素构成。在电子商务概念模型中，交易主体是指能够从事电子商务活动的客观对象，它可以是企业、银行、商店、政府机构、科研教育机构或个人等。电子市场是指电子商务实体从事商品和服务交换的场所，它是各种商务活动参与者利用通信装置，通过网络连接成一个统一的经济整体。交易事务是指电子商务实体之间所从事的具体商务活动的内容，如询价、报价、转账支付、广告宣传、商品运输等。

电子商务的任何一笔交易都包含以下三种基本的“流”，即物流、资金流和信息流。物流主要是指商品和服务的配送和传输渠道，对于大多数商品和服务来说，物流可能仍然由传统的经销渠道进行传输和配送，然而对于有些商品和服务来说，可以直接以网络传输的方式进行配送，如电子出版物、信息咨询服务、有价信息等。资金流主要是指资金的转移过程，包括付款、转账、兑换等过程。信息流既包括商品信息的提供、促销营销、技术支持、售后服务等内容，也包括诸如询价单、报价单、付款通知单、转账通知单等商业贸易单证，还包括交易方的支付能力、支付信誉、中介信誉等。对于每个交易主体来说，它所面对的是一个电子市场，必须通过电子市场选择交易的内容和对象。

二、电子商务的定义

电子商务是随着科学技术的发展，特别是电子技术、通信技术及网络信息技术的不断进步而产生的一种新型交易方式。换句话说，电子商务是运用现代电子技术、通信技术及信息技术，利用计算机网络从事的各种商务活动，简称 EC（Electronic Commerce）或 EB（Electronic Business）。由于在英文中 EB 比 EC 的含义更广泛，所以用 EB 更合适一些。

电子商务有广义和狭义之分。狭义的电子商务是利用互联网进行的商品交易活动，可以称作电子交易或网上交易。较低层次的电子商务只能完成电子交易的部分环节，如电子商情发布、网上订货等。较高层次的电子商务是利用网络完成全部的交易过程，包括信息流、商流、资金流和物流，从寻找客户、商务洽谈、签订合同到付款结算都通过网络进行。

广义的电子商务是在网络上进行商务贸易和交易，通常是指是在全球各地广泛的商业贸易活动中，在因特网开放的网络环境下，基于浏览器、服务器应用方式，买卖双方不谋面地进行各种商贸活动，实现消费者的网上购物、商户之间的网上交易和在线电子支付以及各种商务活动、交易活动、金融活动和相关的综合服务活动的一种新型的商业运营模式。

要实现完整的电子商务还会涉及很多方面，除了买家、卖家外，还要有银行或金融机构、政府机构、认证机构、配送中心等机构的加入。由于参与电子商务中的各方在物理上是互不谋面的，因此整个电子商务过程并不是物理世界商务活动的翻版，网上银行、在线电子支付等条件和数据加密、电子签名等技术在电子商务中发挥着不可或缺的作用。

三、电子商务的特点

电子商务具有虚拟性、跨越时空性及高效性。

（一）虚拟性

企业经营的虚拟化。对流通企业而言，采用电子商务的方式可以实现无店铺经营。网络零售企业，既不必租赁门面陈列商品，也无须雇用大量售货员，它所需要的只是可以上网提供产品信息并接受客户订单的服务器、信息处理人员以及用来存放商品的仓库。“无店铺经营”节省了大量人力和日常运转费用，不管用户在世界什么地方，只要通过联网计算机就可以在网站上选购商品，获得公司提供的各种产品和服务。

对生产性的企业而言，采用电子商务的方式可以实现无厂房经营。传统企业采取“大而全”“小而全”经营模式的一个重要经济原因就是企业间合作存在困难。网络通信技术可以实现企业与其合作伙伴间信息系统的联网，这使得企业间合作如同企业内部合作一样便利。这样，企业就可以把自己不具有成本优势的产品与服务外包出去，而将企业资源集中进行核心价值的生产。

正因为互联网可以实现贸易伙伴间全球性的生产合作，才使得虚拟企业（又称“头脑企业”）得以出现，其生产方式是整合分散在世界各地的资源而进行“合作生产”。

交易过程的虚拟化。表现为交易双方从接触、磋商、签订合同到支付等无须当面进行，通过网络均可以完成，整个交易过程完全虚拟化。

（二）跨越时空

电子商务跨越时空的特性主要是指网络商务的开展可以不受时间和空间的限制。传统企业一般都有上下班时间限制，而电子商务服务器是 24 小时运转的，所以电子商务企业的网上服务可以 24 小时进行。传统的企业在建立新厂或新店时都要精心选址，如需要充分考虑交通条件、车流量和人流量、居民分布特点等因素，尤其对商业企业来说，企业的服务范围和能力只能覆盖一定地理区域。而电子商务企业可以不受上述因素的约束，企业将和全球市场连接起来，交易的对象可以是世界各地的个人、企业和机构，因而它的服务范围可以覆盖全球。

（三）高效性

互联网技术使贸易中的商业报文标准化，并使商业报文在世界各地瞬间完成传递和计算机自动处理，从而使企业的原料采购、产品生产、销售、银行汇兑、保险、货物托运及申报等过程能在最短的时间内完成。由此可见，电子商务克服了传统贸易方式费用高、易出错、处理速度慢等缺点，极大地缩短了贸易时间，使整个贸易过程快捷、方便。

电子货币的出现和流通可以缩短资金的在途时间，提高资金的周转率。

先进的信息技术使市场信息的收集和商品的发布、展示、宣传、挑选以及咨询、谈判、结算等活动均可以在网上进行，这意味着商业运转的流程和周期大大缩短，商业活动的效率大大提高。

四、电子商务的内容

（一）电子商务的组成要素

电子商务关键组成要素有信息流、资金流和物流。

1. 信息流

（1）电子商务信息流的概念及分类

电子商务信息流是指电子商务交易活动中买家和卖家为促成利于对方

的交易而进行的所有信息获取、辨别、处理与应用活动。它是一切电子商务活动的核心。现代电子商务环境下的企业管理的本质和核心就是对企业信息流实施有效控制，从而增进企业效益。电子商务信息流可以分为以下三类。

一是企业内部信息流。在传统企业还没有建立企业内部网的时候，企业内部分别存在着横向和纵向的信息流动。横向的信息流动是在企业各平级部门之间流动的信息流，纵向的信息流包括自上而下的或者自下而上的信息流。在企业建立了自己的内部网后，企业内的信息流动发生了变化，内部网的建立使得企业的信息流可以在企业的各个部门、各个组织之间自由的流动，成为整个企业内部信息流的枢纽。信息传递的效率更高，信息量更大，科学性也更强，更易应用于决策当中。

二是企业与企业之间的信息流。在电子商务环境下，企业与企业之间借助于电子数据交换可以实现更为快速、准确的信息交流。电子数据交换软件将用户数据库系统中的信息，译成电子数据交换的标准格式，以供传输交换。然而，每个公司都有其规定的信息格式，当需要发送电文时，必须用某些方法从公司的专有数据库中提取信息，并把它翻译成电子数据交换标准格式进行传输，这就需要电子数据交换软件的帮助。

三是企业与客户之间的信息流。在21世纪，客户资源已经成为现代企业的最重要资源。如何与客户进行有效的交流、获得客户对产品的第一手信息几乎成为所有企业的第一要务。借助客户关系管理系统，企业可以轻松地达到这一目的。借助于客户关系管理系统，企业可以方便地建立客户档案并与其有效沟通，形成和分析各种客户数据并做出市场导向的决策。

（2）电子商务信息流的重要性

电子商务信息流是现代商品流通先导性的基础流。商品流通作为一个体系，它是商流、物流、信息流、资金流的有机结合，并形成互动机制。但是，只有电子商务的出现与发展，才能使商品流通中信息处理的功能发生质的飞跃，由此确立了信息流在现代流通中的主导地位。这就是说，信息流已经成了现代经济活动中其他各流互动循环的基础。由于现代技术在信息处理上的重大突破，电子商务信息流将对整个商品流通形成系统控制，使商流、物流、资金流的运动建立在快速高效的信息活动的基础之上，并由此带来管理思想、商务模式的彻底改变。

电子商务信息流创造新的商务模式。电子商务信息流改变了传统的商务模式，买卖双方在网上完成商品交易的主要过程，创造了新的商务模式。电子商务信息流所支撑的商品流通模式以数据库为核心，利用计算机网络与数据库技术、条码技术等手段实现商品流通过程中的数据管理功能的自动化。在电子商务环境下，企业的商务活动主要依靠数据库来进行决策。电子商务形成的数字化、信息化经营模式，正在把企业与消费者带入网络经济数字化生存的世界。在这个世界里，人类的一切经济活动都与信息网络密切相关，依靠网络获取经济信息，从事企业经营活动。

电子商务信息流真正实现了“以顾客为中心”营销理念。传统的商务活动中，由于信息载体、传输渠道、信息交流方式等的局限，企业不能真正把握顾客的需求，提供适销对路的产品吸引和维持顾客。在电子商务的环境中，生产者的客户关系管理能够真正实现“想客户之所想，急客户之所急”。因此，电子商务信息流是实现“以顾客为中心”的根本保证。缺少了电子商务信息流，电子商务企业能给顾客带来比传统商务企业更多的价值让渡将无法实现，企业将没有发展前景。

电子商务信息流有利于企业经济效益的提高。利用现代信息网络有效地沟通各方面的信息，特别是系统外部的信息，有利于企业通过经营范围的扩大、供应链的整合、业务流程的再造等来增加收入，同时还可以降低成本，从而提高企业的经济效益。

（3）电子商务企业信息流管理现状

信息流时效差。伴随着客观事物的不断发展变化，信息也是不断发展变化的。因此，信息总是存在于一定的时间、地点和条件下，具有时效性，否则就失去了其存在的价值。电子商务信息都是有时效性的，其价值与时间成反比。尽可能地减少信息流与物流的时差，提高时效性，这是网络商务信息收集及时性的要求。任何超过顾客需求时效的信息流都将因为无信息增值而不得不中止。目前，电子商务企业仍有信息更新不及时导致信息流时效性差的情况。

信息流动过程导致信息失真。这在电子商务企业实际运作过程中时有发生。产品供应商和客户双方在信息传递过程中，是以电子商务企业为信息媒介，在供需信息传输过程中，电子商务企业对双方一系列信息理解过程中难免出现偏差，导致信息失真；另一方面，基于电子商务企业和传统产品供应商之间信息流处理技术和手段上存在差距，很多信息是通过电话和传真来沟通的，难免出现信息失真的情况。

信息流反馈控制程度低。信息流动过程中，由于一定程度的外界干扰以及自身技术条件的约束性，电子商务企业和产品供应商往往更倾向于从自身角度考虑问题，缺乏从整体思考的意识，从而对信息反馈控制程度低。

（4）完善电子商务企业信息流管理的对策

优化电子商务企业内部流程。电子商务企业内部信息处理控制能力的改善应该从流程的改善开始。企业应该根据业务部门的需要简化业务流程，结合部门工作的特点，给每个业务部门规定合理的数据库访问权限，明确各个部门需要共享的信息资源并详细记录订单信息传输过程中的相关问题；建立有效的订单跟踪手段，在逐步完善业务流程的基础上，完善系统管理决策职能的应用，逐步建立现代电子商务管理系统，全面集成企业的信息资源。

改善电子商务企业与产品供应商之间的信息流管理。产品供应商信息化程度影响着电子商务信息流管理效率。在我国，传统产品供应商信息技术手段落后，产品供应商虽然有自己企业的管理信息系统，但都是针对企业内部的，与电子商务企业的合作存在技术薄弱的问题。订单确认慢，难以实现实时预定，导致双方的客户流失。结合现有企业特点发展符合自身特色的业务流程，利用互联网 B/S 架构的特点，通过电子商务网站对签约的产品供应企业给予一定的数据库的授权，使得信息能够及时准确传递，以促进产品供应商改善服务质量。

实现信息的集成式管理，逐步贯彻实施行业标准。国内电子商务企业起步较晚，在行业信息资源的集成方面能力不足。可以通过固定的交互合作模式，实现订单信息的传递有效性，同时拓宽产品分销渠道。

通过信用体系建设，加强企业对资金信息流的控制能力。信用卡的普及加速了电子商务行业的发展。我国电子商务企业应该在信用卡逐渐普及后，通过收取部分定金的方式来限制随意上网预定的行为方式，由此减少无效订单，降低不必要的的资源损失。

2. 资金流

（1）电子商务资金流的内涵

在电子商务活动过程中，财产物资的货币表现就是资金，而这些资金总是处于不断的运动之中，资金的流入和流出统称为资金流。融资是资金运动的第一步，它可以分为内源融资和外源融资。前者指以内部积累的方式实现融资，包括利润提成和折旧，后者则是指通过出让股权或从银行贷款实现融资。

货币资金有两种运作方式。其一就是转化为金融资金形态，即进入资本市场进行金融投资，这类处于金融资本形态的资金可以随时在资本市场上转化为货币资金。其二就是转化为储备资金形态，准备投入生产。在生产过程中，随着生产费用的支出，资金就从储备资金形态转化为生产资金形态。产品制成以后，资金又从生产资金形态转化为成品的资金形态。在销售过程中，出售产品并取得销售收入，这时资金又从成品资金形态转化为货币资金形态。

（2）电子商务资金流的特点

电子商务资金流的一个最为显著的特点就是支付形式的网络化。由此，电子商务资金流的外在表现形式就是信息流。所以，电子商务资金流就具备了电子商务信息流的一般特点，如数字化、全球化、标准化、直接化、透明化等。

资金周转速度快。在电子商务支付平台的支撑下，由于银行、税务、消费者等都在网上有自己的平台，信息传递速度和办理交易与结算手续速度加快，从而使得资金周转的速度加快。

资金流通范围广。在电子商务环境下，电子贸易的发展必将促进资金在世界范围内的流动，并且加快世界货币的形成。世界货币的产生又会反过来促进资金在全球范围内的流动，从而推动世界经济朝全球化方向发展。

资金支付轻便性高、成本低、安全性高。与电子环境下的电子货币相比较，一些传统的货币如纸质货币和硬币则愈发显示出其不足。在美国，每年搬运有形货币的费用高达 60 亿美元，英国则需要 2 亿英镑，而世界银行体系之间的货币结算和搬运费用占到其全部管理费用的 5%。

（3）资金流在电子商务中的作用

资金流的简便快捷有利于实现电子商务中信息的高速运转。

电子商务信息化使商务交易整个过程速度加快，传统的支付方式由于票据传递迟缓和手工处理落后，交易双方的资金周转速度慢，造成大量的在途资金，银行之间很难做到当天结算。而采用在线支付，利用电子支付系统可以实现全面无纸化交易，原有纸质文件的邮寄变为通过数据通信网进行传递，加速资金的周转率和周转速度，缩短了付款时间，符合电子商务信息高速运行的要求。

资金支付环节低成本运营有利于降低电子商务的成本。

电子商务借助网络改变了信息流的传播方式，商流、资金流和物流的交换也随之发生变化，形成了新的商务流通模式，其优势之一在于减少流通环节，节约各运行环节成本。采用在线支付较传统支付方式成本低廉。据美国权威统计资料表明，在线支付运营成本每笔不超过 13 美分，而依传统方式处理的成本则高达 108 美分，差距非常大。

资金流通的全球化有利于扩大电子商务的市场范围。

电子商务是在互联网开发的网络环境中生成的，具有全球性特质。传统支付手段面对电子商务交易的跨国性业务时，往往履行手续复杂、时间滞后。而在线支付采用信用卡、电子现金、电子钱包、电子支票和数字货币等电子支付工具，以金融电子化网络为基础，以商用电子化机具和各类交易卡为媒介，以电子技术和通信技术为手段，用电子数据形式存储在银行的计算机系统中，并通过计算机网络的信息传递实现电子货币流通，实现金融活动全面自由和金融市场全球开放，适应电子商务活动无国界的货币传输、支付和结算要求。

3. 电子商务中的物流

（1）电子商务对物流服务的要求

①对物流配送的要求

现代消费者在运用电子商务平台进行消费时，多是出于方便快捷的消费诉求，因此“送货上门”是电子商务物流服务应该达到的基本要求。消费者并不希望在收货上面花费太多的时间和精力，而更倾向于一种便捷的服务方式。这样才能做到“省时省力”，满足消费者方便快捷的省心需求。

②对物流效率的要求

在商品配送效率上，消费者当然是希望整个交易周期越短越好，希望在支付完毕以后，以最快的速度收到货品，这就对物流配送的效率、速度提出了要求，电子商务的物流必须快速、及时地对订单做出反应，在完成配货以后能以最快的速度发货、送货。

③不倾向订单拆分的服务要求

在一项调查中表明，多数消费者并不希望一个订单被拆分成多次配送，而是希望能够“一步到位”，同时收到一个订单中的所有物品。那么，这就对物流仓储提出了新的要求，即在仓库设定过程中，尽量保证每个仓库货品齐全，能够统一配送。大多数电商企业做到这一点并不容易，但是随着物流体系的日益成熟，相信这一天指日可待。

④对自定义发货时间的要求

现代人的生活节奏较快，时间被各种琐事占据，工作或生活都会面临很多突发情况，那么一些个性化服务就显得十分必要，比如自定义发货时间。这要求电商物流体系在运作上要更加灵活，便于处理各种消费者的不同要求，满足消费者的个性化需求。

⑤对物流服务费用的要求

现在电商行业的激烈竞争，对物流配送进行免费服务也成为竞争的一张“王牌”，但出于运营成本的限制，多数企业的免费物流服务品质并不理想，但是即便如此，消费者仍倾向于常规情况下的“免费服务”，这要求电商企业在物流体系的建设上能够适当提升服务品质，让消费者享受到“价廉物美”的物流服务。

（2）我国电商物流存在问题

①缺乏专业精神和正确认知

我国的电子商务尚处于起步阶段，因此大多数电商企业对于自身的物流服务缺乏重视，没有专业精神，不能正视物流体系的建设对企业发展的重要性。因此，导致物流体系建设滞后，不能很好满足电子商务服务的要求，也无法跟电子商务良好结合。

②缺乏配套的物流人才

由于电子商务的物流服务是“后起之秀”，因此这方面的专业物流人才十分匮乏，而国内高校在人才培养上尚未做出及时反应，对于“电商物流”这一人才的培养力度还远远不够，现有的从业人员尚处于摸索阶段，这在很大程度上阻碍了电子商务物流的良性发展。

③物流配送网络不健全

目前，电商企业的配送网络多为三种：自有网络、委托第三方物流、网上交易实体店就近取货。自有网络只适合规模大、配送量多的企业，而委托第三方物流使得服务品质难以保证，第三种方式既不能方便消费者也不能降低成本，不提倡推广。

④物流配送的效率和标准化程度较低

我国的电商物流服务仍然停留在最基本的服务层面，大多难以提供综合性的物流服务。因此，物流服务的现代化水平还处于较低层次，标准化程度低，很多企业甚至根本无法达到标准化操作，并且配送效率也不高，导致消费者满意度下降，一定程度上制约了电商企业的发展。这是电商物流服务低层次的表现，如何向高层次的物流服务靠近，是所有电商企业都面临的重要问题。

（3）电商物流体系建设对策

①电商企业需正视物流体系建设的重要性

在当下激烈的竞争中，电子商务企业更要正视和重视物流配套服务的作用，要积极搭建企业物流体系，完善物流服务，提升消费者满意度，为企业的良性发展做好坚实后盾。在产品研发时要重视物流服务的开发，日益建立健全企业的物流体系。只有树立这样的观念才能在电子商务企业的发展中摸索出一条通往成功的道路，让中国的电子商务在百姓生活中占据越发重要的地位。

②要大力培养电商物流专业人才

电商物流，顾名思义，既要懂得电子商务运营又要懂得物流管理，并且能将两者相结合。这样的“复合型”人才是电子商务物流体系最需要的人才。在如今人才匮乏的背景下，加紧专业人才的培养是当务之急，并且是保障电商物流良性发展的根本性保障。各大高校应该关注这一问题，并迅速整合师资着手培养这方面的专业人才。

③利用电子商务企业的自有平台，在竞争中求合作

电商企业规模大小不一，很多大企业有自有的物流体系，那么很多中小型企业可以在竞争中求合作，有偿使用大企业的物流网络，或者中小企业联盟共同搭建自己的物流体系，建立属于自己的物流配送网络。并以此不断提升自己的服务水平，提高自己的竞争力，进而做大、做强。

④完善相关法律法规，规范电商物流体系的建设

为了完善我国电子商务物流体系的建设，除了企业自己的努力以外，政策的支持也是不可或缺的。只有改善电子商务物流发展的大环境才能保

证电商物流健康、良性的发展。因此，必要的立法和规范应该逐渐出台，扶持电子商务物流的发展与建设。

（二）电子商务的分类

1. 按照交易对象的不同分类

电子商务参与方一般有企业（Business）、消费者（Customer）和政府（Government），根据参加交易对象的不同分为：B2B、B2C、C2C、B2G 和 C2G。

（1）企业与企业之间的电子商务

Business to Business，B to B 或 B2B。B2B 是企业与企业之间通过专用网或互联网，进行数据信息的交换、传递，开展贸易活动的电子商务形式，通过此种商务形式可以将有业务联系的公司通过电子商务将关键的商务处理过程连接起来，形成在网上的虚拟企业圈。例如，企业利用计算机网络向其供应商进行采购，或利用计算机网络进行付款等。这一类电子商务，特别是企业通过私营或增值计算机网络（Value Added Network，VAN）采用 EDI（电子数据交换）方式所进行的商务活动，已经存在多年。这种电子商务系统具有很强的实时商务处理能力，使公司能以一种可靠、安全、简便快捷的方式进行企业间的商务联系活动，以达成交易。

（2）企业与消费者之间的电子商务

Business to Customer，B to C 或 B2C。企业与消费者之间的电子商务活动，是人们最熟悉的一种电子商务类型，这类电子商务主要是借助于互联网所开展的在线销售活动。大量的网上商店利用互联网提供的双向交互通信，完成在网上购物的过程。最近几年随着互联网的发展，这类电子商务的发展异军突起。例如，在互联网上目前已出现许多超级市场，所出售的产品一应俱全，从食品、饮料到电脑、汽车等，几乎包括了所有的消费品。由于这种模式可节省客户和企业双方的时间和空间，从而可大大提高交易效率，节省各类不必要的开支，因而这类模式得到了人们的认同，获得了迅速的发展。

（3）企业与政府方面的电子商务

Business to Government，B to G 或 B2G。政府与企业之间的各项事务都

可以涵盖在电子商务中，包括政府采购、税收、商检、社会保障、管理条例发布等。政府一方面作为消费者，可以通过互联网发布自己的采购清单，公开、透明、高效、廉洁地完成所需物品的采购；另一方面，政府可以通过电子商务方式充分、及时地对企业完成宏观调控、指导规范、监督管理等职能。借助网络及其他信息技术，政府职能部门能更及时全面地获取所需信息，做出正确决策，做到快速反应，能迅速、直接地将政策法规及调控信息传达到企业，从而起到管理与服务的作用。在电子商务中，政府还有一个重要作用，就是对电子商务的推动、管理和规范作用。

（4）消费者与消费者之间的电子商务

Customer to Customer，C to C 或 C2C。互联网为个人经商提供了便利，任何人都可以“过把瘾”，各种个人拍卖网站层出不穷，形式类似于“跳蚤市场”。

（5）消费者与政府之间的电子商务

Customer to Government，C to G 或 C2G。消费者对政府的电子商务指的是政府对个人的电子商务和业务活动的管理。这类的电子商务活动目前还不多，但应用前景广阔。居民的登记、统计和户籍管理以及征收个人所得税和其他契税，发放养老金、失业救济和其他社会福利是政府部门与社会公众个人日常关系的主要联系，随着我国社会保障体制的逐步完善和税制改革，政府和个人之间的直接经济往来会越来越多。

2. 按照开展电子交易的范围分类

按照开展电子交易的范围来分类，电子商务可分为三类：本地电子商务、远程国内电子商务、全球电子商务。

（1）本地电子商务

本地电子商务是指利用公司内部、本市或者本地区的信息网络实现的电子商务活动。本地电子商务交易的范围比较小，是利用互联网、企业内部网或专网将下列相关系统联系在一起的网络系统。参加交易各方的电子商务信息系统，包括买方、卖方及其他各方的电子商务信息系统、银行金融机构电子信息系统、保险公司信息系统、商品检验信息系统、税务管理信息系统、货物运输信息系统、本地区 EDI 中心系统等。本地电子商务是开展远程国内电子商务和全球电子商务的前提和基础，而且从某种意义上说，涉及实物交易的电子商务，交易双方最终要确定交货地点，所以它归根结底是区域性和本地化的。

（2）远程国内电子商务

远程国内电子商务是指电子商务在本国范围内进行的网上电子交易活动。其交易的地域范围较大，对软硬件和技术要求比较高，要求在全国范围内实现商业电子化、自动化，实现金融电子化，而且交易各方具备一定的电子商务知识、经济能力、技术能力和管理能力等。

（3）全球电子商务

全球电子商务是指在全世界范围内进行的电子交易活动，参加电子商务的交易各方通过网络进行贸易活动。它涉及有关交易各方的相关系统，如买卖方国家进出口公司系统、海关系统、银行金融系统、税务系统、保险系统等。全球电子商务业务内容繁杂，数据来往频繁，要求电子商务系统严格、准确、安全、可靠。全球电子商务客观上要求要有全球统一的电子商务规则、标准和商务协议，这是发展全球电子商务必须解决的问题。

3. 按照使用网络的类型分类

按照使用网络的类型来分类，电子商务目前主要分为：基于 EDI 网络的电子商务、基于互联网（Internet）的电子商务、基于企业内部网（Intranet）的电子商务以及基于无线通信网络的电子商务。

（1）基于 EDI 网络的电子商务

EDI（电子数据交换）是按照一个公认的标准和协议，将商务活动中涉及的文件标准化和格式化，进而将这些标准化和格式化的数据利用网络，从计算机传输到计算机。EDI 是电子商务的早期形式，因此基于 EDI 网络的电子商务被称为 EDI 电子商务。

（2）基于互联网的电子商务

基于互联网的电子商务也称为现代电子商务，是基于互联网开展的商务活动的总称。它是以计算机、多媒体技术、数据库技术等为基础，利用TCP/IP协议组织合作网络，在网上实现营销购物服务活动。

（3）基于企业内部网的电子商务

基于企业内部网的电子商务是一个企业内部或一个行业内利用网络开展的电子商务活动，在企业和行业内形成一个商务活动链，大大提高工作效率和降低运行成本。

（4）基于无线通信网络的电子商务

基于无线通信网络的电子商务被称为移动电子商务，是基于无线上网技术，将手机、笔记本电脑等移动通信设备结合所构成的电子商务体系。移动电子商务由于它真正实现了“随时随地与任何人通信”的愿望，作为新兴的电子商务形式备受关注，市场潜力巨大。

4. 按电子商务交易阶段分类

（1）交易前电子商务

交易前电子商务主要是指买卖双方和参加交易各方在签订贸易合同前的准备活动，包括三个方面的内容。首先，买方根据自己要买的商品，准备购货款，制定购货计划，进行货源市场调查和市场分析，反复进行市场查询，了解各个卖方国家的贸易政策，反复修改购货计划和进货计划，确定和审批购货计划。再按计划确定购买商品的种类、数量、规格、价格、购货地点和交易方式等，尤其要利用互联网和各种电子商务网络寻找自己满意的商品和商家。其次，卖方根据自己所销售的商品，召开商品新闻发布会，制作广告进行宣传，全面进行市场调查和市场分析，制定各种销售策略和销售方式，了解各个买方国家的贸易政策，利用互联网和各种电子商务网络发布商品广告，寻找贸易伙伴和交易机会，扩大贸易范围和商品所占市场的份额。其他参加交易的各方如中介方、银行金融机构、信用卡公司、海关系统、商检系统、保险公司、税务系统、运输公司也都为进行电子商务交易做好相应的准备。最后，买卖双方就所有交易细节进行谈判，将双方磋商的结果以文件的形式确定下来，即以书面文件形式和电子文件形式签订贸易合同。电子商务的特点是可以签订电子商务贸易合同，交易双方可以利用现代电子通信设备和通信方法，经过认真谈判和磋商后，将双方在交易中的权利和所承担的义务以及所购买商品的种类、数量、价格、交货地点、交货期、交易方式和运输方式、违约和索赔等合同条款，全部以电子交易合同做出全面详细的规定。合同双方可以利用电子数据交换进行签约，可以通过数字签名等方式签名。

（2）交易中电子商务

交易中电子商务主要是指买卖双方签订合同后到合同开始履行之前办理各种手续的过程。交易中要涉及有关各方，可能涉及中介方、银行金融机构、信用卡公司、海关系统、商检系统、保险公司、税务系统、运输公司等，买卖双方要利用 EDI 与有关各方进行各种电子票据和电子单证的交换，直到办理完可以将所购商品从卖方按合同规定开始向买方发货的一切手续为止。

（3）交易后电子商务

交易后电子商务是指从买卖双方办完所有各种手续之后开始，卖方要备货、组货，同时进行报关、保险、取证、发信用证等，卖方将所售商品交付给运输公司包装、起运、发货，买卖双方可以通过电子商务服务器跟踪发出的货物，银行和金融机构也按照合同，处理双方收付款，进行结算，出具相应的银行单据等，直到买方收到自己所购商品，完成了整个交易过程。索赔是在买卖双方交易过程中出现违约时，需要进行违约处理的工作，受损方要向违约方索赔。

5. 按商务活动的商品内容分类

按照商务活动的商品内容进行分类，电子商务分为直接电子商务和间接电子商务。

直接电子商务也称为无形商品或服务的电子商务。无形商品是指包括计算机软件、娱乐内容、电子读物、信息服务等可以数字化的商品。这类电子商务形式所有的商务活动过程均可以直接在互联网上完成。由于无形商品的电子商务完全可以在网络上实现，又被称为完全电子商务。

间接电子商务就是有形商品的电子商务。有形商品是指占有空间的实体类商品，这类商品在交易中可以利用网络实现信息的沟通、产品的订货和网上支付，但是最终需要依靠物流配送环节将实体运送到消费者的手中。有形商品的电子商务由于不能完全在网上完成所有的商务环节，又被称为不完全电子商务。

（三）电子商务平台

电子商务平台又称为门户站点，是企业为合作伙伴、客户等提供的访问企业内部各种资源的统一平台。通过这一平台，企业的合作伙伴，如原料提供商可以获取企业当前的原料库存情况及近期生产计划，从而优化自身的资源调配和生产调度；而企业的客户可以通过这一窗口了解企业产品的详细资料并且获得企业提供的咨询服务等。

从广义的角度看，电子商务平台是企业电子商务系统的一个组成部分。企业内部信息系统的各种信息通过电子商务平台向外发布，改变了原先企业信息利用率不高、资源无法被外界获得的局面。没有电子商务平台的电子商务系统是不完整的，而将企业电子商务系统等同于企业的电子商务平台也是不够全面的，无法达到优化企业生产、销售等一系列作业流程和降低企业成本、提高生产效率等作用。电子商务平台更强调对外的网站，而企业信息化不仅包括网站，还包括企业内部的其他信息系统。这些信息系统与电子商务平台是高度集成统一的。在电子商务基础平台上，可以使用安全电子邮件、网上业务受理和网上支付、网上商店等各种应用系统。

概括来讲，电子商务平台结构包括以下部分：

1. 网络基础设施

将网络基础设施形象地比喻成信息高速公路，它是实现电子商务的最底层基础设施，是由广域网、城域网、局域网层层搭建而成。信息通过电话线等有线方式或无线电波方式传递。

2. 多媒体内容和网络宣传

最流行的信息发布方式是以 HTML 的形式将信息发布在网络上，发布的信息可以是多媒体的，应用 JAVA 移植性强的特点，将这些传播应用于各种网络、设备、操作系统和界面。

3. 信息传播的基础设施

（1）非格式化的信息交流：电子邮件、传真，主要面向人。

（2）格式化的信息交流：电子数据交换，主要面向机器。

（3）HTTP：超文本传输协议，是 Internet 上通用的传播工具与非格式化的多媒体信息。

4. 贸易服务的基础设施

（1）安全和认证：提供的信息是可靠的、不可篡改的、不可抵赖的，在有争议的时候提供证据。

（2）电子支付：完成一笔网上交易需要进行电子支付，必须保证网上支付是安全的。

（3）目录服务：将信息分类架构，从而方便增、删、改，支持市场调研、咨询服务、商品购买指南。

5. 电子商务应用系统

在上述基础上，可一步一步地建设实际的电子商务应用，如供货链管理、视频点播、网上银行等。

6. 技术标准

技术标准定义了用户接口、传输协议、信息发布标准、安全协议等技术细节。就整个网络而言，标准对于保证兼容性和通用性是十分重要的。

第二节　电子商务的发展过程

在人类早期的商务活动中，主要靠手工来完成各项任务，包括企业内部经营管理的各个环节以及企业外部环境因素之间的各类分散、无序的信息。企业信息传递、交易的完成主要通过单据、合同等纸质介质，信息处理的工作量大、速度慢，因而差错率高，资源浪费严重，效率低下。为此，人们将先进的电子技术引入到商务活动中来，逐渐形成了无纸化的商务办公过程，大大简化了工作流程，提高了竞争能力，这种将电子技术和商务活动结合在一起的技术即通常所说的电子商务。

一、电子商务的发展

（一）20 世纪 60 年代至 90 年代，基于 EDI 的电子商务

电子数据交换（Electronic Data Interchange，EDI）是将业务文件按公认的标准从一台计算机传输到另一台计算机的电子传输方法。由于 EDI 大大减少了纸张票据的使用，提高了自动化水平，从而简化了业务流程。因此，人们也形象地称之为“无纸贸易”或“无纸交易”。

EDI 于 20 世纪 60 年代末期出现在美国。其产生源于美国运输业，运输业流通量大，货物和单据的交接次数多、交接速度慢。企业间交换的单据几乎在每笔交易中都包含同样的内容，如商品代号、名称、价格和数量等，企业花费了大量的时间录入数据，再将其打印出来，而交易的对方还要重新输入这些数据。为了提高业务效率，人们开始尝试使数据能够在贸易伙伴的计算机之间自动交换，EDI 应运而生。通过转换翻译软件将这些信息转换成标准化的格式，再以电子数据方式来传递，企业就可以减少错误和重复录入的工作量，节省了打印和邮寄成本，简化了业务流程，提高了工作

效率。1990 年联合国正式推出了 EDI 的标准 UN/EDIFACT，统一了世界贸易数据交换中的标准，为在全球范围内利用电子技术开展商务活动奠定了基础。

（二）20 世纪 90 年代以后，基于互联网的电子商务

20 世纪 90 年代中期以后，互联网迅速普及，逐步走向企业和寻常百姓家，其功能也从信息共享演变为大众化的信息传播工具。一直排斥在互联网之外的商业贸易活动正式踏进这个“王国”，电子商务成为互联网应用的最大热点。最初主要是利用互联网的电子邮件功能进行日常商务通信，后来发展到利用互联网进行信息发布，让公众了解企业的详细情况，并直接通过网络来获得企业的产品和服务。1996 年 6 月 14 日，联合国贸易委员会通过《电子商务示范法》，标志着电子商务时代的到来。

二、电子商务系统的发展

电子商务系统的发展是随着信息技术和互联网的发展而逐渐发展起来的，尤其是它们在经济、管理领域的应用更是起到了推波助澜的作用。从电子商务系统的结构和应用情况来看，可以将电子商务系统的发展划分为三个阶段：

（一）**电子商务系统的初步形成阶段**（1991—1996）

自从 1991 年美国开放互联网商务应用以来，尤其是 1993 年美国克林顿政府提出“信息高速公路”建设计划以来，世界各国都开始构建自己的“信息高速公路”，使得互联网在全球各个国家得到了迅猛发展，这为电子商务系统的发展提供了坚实的基础。随着互联网的发展和广域网（Wed）技术的成熟，大量的企业网站开始涌现，它们利用互联网进行信息发布、企业形象宣传并提供售前售后服务，这就是早期形成过程中的电子商务系统。该阶段的电子商务系统只能提供信息服务功能，不支持电子交易。

1. 初期阶段电子商务系统的体系结构

这一阶段的电子商务系统一般都是基于Web服务器的三层B/S结构，客户端采用的是标准浏览器，服务器端是Web服务器和数据库服务器，浏览器和Web服务器之间通信主要采用的是HTTP协议。企业可以利用HTML、客户端脚本、服务器端脚本等技术以网站的形式通过Web服务器来发布企业信息。但是，该阶段仅限于企业信息发布和企业形象宣传，它并不能对企业的核心业务进行处理，也不能进行在线交易。该阶段的电子商务系统几乎不与企业内部已有的管理信息系统相联系，所以它只支持企业价值链的部分环节，并没有完全支持企业的核心业务。

该阶段的电子商务系统发布企业信息有两种手段：静态页面形式和动态页面形式。静态页面是发布之前写好的、存放于Web服务器上的HTML文件，在运行期间该文件的内容是不会改变的。当浏览器向Web服务器发出HTTP请求后，作为响应Web服务器就会向浏览器端发送和创建时完全相同的HTML文件。动态页面是发布之前写好并存放于Web服务器上的包含服务器端脚本的文本文件，在运行期间该文件的内容同样是不会改变的。但是，页面中的服务器端脚本在发往浏览器端之前需要经过服务器的处理，以形成一个新的页面。浏览器向Web服务器发出HTTP请求后，Web服务器根据用户的请求来处理服务器端脚本，然后将处理结果插入并生成一个临时的HTML页面，最后Web服务器将这个临时生成的页面发送至浏览器。

2. 初期阶段电子商务系统的功能

为企业提供在互联网上发布信息和宣传形象的功能，这项功能是该阶段电子商务系统的主要功能，也是电子商务系统首要功能，目前和将来的电子商务系统都具有该功能。

为企业提供基于互联网的客户意见反馈渠道，该服务通常是以电子问卷调查或BBS论坛的方式来提供的。

使企业能够在互联网上提供售后服务，拓宽了企业售后服务的渠道。例如，一些计算机硬件生产厂商在网站上提供硬件驱动程序，用户可以在其网站上下载最新的硬件驱动程序。

可以提供部分商品的网上交易，如信息类商品的购买、飞机票的预订等。

（二）电子商务系统的高速发展阶段（1997—1999）

第一阶段的电子商务系统只是提供了对企业商务活动的辅助功能，它们并不能完成企业的核心商务活动。所以从1997年开始，根据电子商务系统改进企业的商务模式、业务流程等成为研究和开发的热点，电子商务系统的功能、体系结构和开发技术都发生了很大的变化，电子商务系统进入高速发展阶段。

1. 该阶段电子商务系统的体系结构

该阶段的电子商务系统一般都是增加了应用服务器的四层B/S结构，客户端采用的是标准浏览器，服务器端是Web服务器、应用服务器和数据库服务器。浏览器和Web服务器主要用来传达处理结果，属于客户表达层的应用；应用服务器主要进行较复杂的企业核心商务流程的处理，属于业务逻辑层的应用；数据库服务器主要负责企业商务数据的管理，属于数据层的应用。

该阶段的电子商务系统已经与企业内部已有的管理信息系统连接成为一个整体，它不仅支持企业的形象宣传和电子交易，而且支持企业的生产及管理过程，使得企业内部生产、管理过程也可以通过互联网进行，企业内部信息系统的服务对象不再仅仅是企业内部人员，而且还包括企业的客户。

2. 该阶段电子商务系统的功能

该阶段电子商务系统的功能得到了极大的发展，它除了具有第一阶段的功能外，还包括以下功能：

一是电子交易功能。在这个阶段，电子商务系统各方面的技术都趋向成熟，认证中心开始出现，安全电子交易协议也得以制定，这些都为在电子商务系统上开展电子交易提供了条件。所以，在这个阶段，绝大部分电子商务系统都支持电子交易。

二是支付结算功能。伴随着认证中心的出现和安全电子交易协议的制定，银行支付网关逐步建立起来，这为电子商务系统提供了与银行的接口，使得网上支付和结算成为可能。所以，这个阶段相当一部分的电子商务系统都能够在线完成交易金额的清算。

（三）电子商务系统的扩展阶段（2000 年至今）

2000 年以来，人们对于电子商务的认识上升到了新的高度，这就是电子化概念。我们知道，电子商务实际上是现代信息技术尤其是互联网技术在商务领域的应用，它不但可以应用于商务领域，还可以应用于政府、教育、军事和医疗等领域，从而形成电子政务、电子教育、电子军事和电子医疗等概念。我们要想使这些电子化概念成为现实，就需要在这些领域利用相应的电子信息技术尤其是互联网技术建立计算机系统，在政府机构建立的该系统我们可以称之为电子政务系统，在教育领域建立的该系统我们可以称之为电子教育系统，在医疗机构建立的该系统我们可以称之为电子医务系统。该阶段电子商务系统的功能包括：网上订购、货物传递、咨询洽谈、网上支付、电子银行、广告宣传、意见征询、业务管理（人、财、物多个方面的协调和管理）。

三、全球电子商务现状

全球电子商务市场在过去十多年中快速增长，并且这种势头仍在持续。当前，全球网民人数已达 40 多亿人，亚洲网民数占全球网民数的比重最高；全球已有 7 个国家网购用户数量过亿，中国是全球最大的互联网用户市场，2023 年 8 月发布的《中国互联网络发展状况报告》显示，截至 2023 年 6 月，我国网民规模达 10.79 亿人，普及率达到 76.4%；从网购人数增长来看，未来几年增长最快的地区将是中东和非洲。2022 年，全球网络零售交易额达 5.7 万亿美元。

美国是电子商务发展最早且最成熟的国家，英国是欧洲最大的电子商务市场，拉丁美洲是最受欢迎的电子商务新兴市场。

各国政策加大力度支持电子商务发展。目前，超过 70% 的国家已经通过了电子交易法，而通过网上消费者保护法的国家比重最低，不到 50%。

在这一变化当中，全球电子商务主要朝着从粗放式扩张到精细化发展、从泾渭分明到边界模糊、从发达地区到新兴市场、从资源驱动到技术驱动的四个方向发展。

第一，全球电子商务市场的增长速度自 2016 年后呈逐年下滑趋势。增长放缓的情况同样出现在欧美等发达国家和中国等新兴市场中。增速趋缓的主要原因是电子商务发展的环境出现了新的变化，互联网用户增长乏力、产业增长空间和潜力受到限制，电子商务领域的发展将从粗放式的增长进入到精细化和集约式增长阶段。

第二，电子商务无界化态势明显，传统的企业边界、产业边界、地域甚至线上和线下的界限正在被逐渐颠覆。

第三，以亚太、中东欧、拉丁美洲、中东和非洲地区为主的新兴电子商务市场开始跃进，全球电子商务的重心正在转向新兴市场。

第四，云计算、虚拟技术，无人机等新兴技术在电子商务各环节广泛应用，大数据驱动电子商务领域进一步创新，智能无人商店、社交电子商务等电商新业态和新模式不断涌现。技术应用、数据革命赋能电商发展新动力。

第三节　电子商务的功能

电子商务可提供网上交易和管理等全过程的服务，它具有广告宣传、咨询洽谈、网上订购、网上支付、电子账户、产品和服务传递、意见征询、交易管理等各项服务功能。

一、广告宣传

电子商务可利用Web服务器在互联网上发布各类商业信息。客户可借助网上的检索工具迅速查询或检索到所需商品信息，而商家可利用Web页和电子邮件在全球范围内进行广告宣传。同以往的各类广告相比，在网上发布广告成本更为低廉，信息发布更加快速，多媒体的广告内容（包括文字、图片、动画和声音信息）更加丰富，用户可以在线浏览到全方位的广告信息。

二、咨询洽谈

电子商务可借助实时的电子邮件和聊天群来了解市场和商品信息、洽谈交易事务。若有进一步的需求，还可以用网上的白板会议（Whiteboard Conference）来即时、互动地交流图形信息。网上咨询和洽谈能超越面对面洽谈的限制，提供多种便捷的异地交谈形式。

三、网上订购

电子商务可借助Web页，直接在网上订购商品，网上订购界面非常简洁，也十分方便，有时只要用鼠标点击几下就能完成全部订购过程。订购信息时可以使用客户密码，也可采用加密的方式，这样客户和商家的商业信息就不会被泄露，安全可靠。当然，也可以用电子邮件完成网上订购。

四、网上支付

电子商务要成为一个完整的交易过程，其中网上支付是重要的环节。网上支付可采用各种银行卡、信用卡进行支付，相关信息将经过安全保密处理并直接提交给认证系统。在网上直接采用电子支付手段可省略交易中的开销。网上支付需要更为可靠的信息传输安全控制以防止欺骗、窃听、冒用等非法行为。

五、电子账户

网上支付必须由银行或信用卡公司这类金融单位提供电子账户管理等金融服务，客户的信用卡号或银行账号是电子账户的标志。电子账户管理是其基本的组成部分，信用卡号或银行账号的可信度需要配备必要安全技术措施，数字证书、数字签名、数字加密等手段的应用保证了电子账户操作的安全性。

六、产品和服务传递

电子商务需要将已付款客户所订购的货物尽快传递到他们的手中。而有些货物在本地，有些货物在异地，电子邮件能在网络中进行物流的调配。而最适合在网上直接传递的货物是信息产品，如软件、电子读物、信息服务等，它能直接从电子仓库中将货物发到用户端。

七、意见征询

电子商务能十分方便地采用网页上的列表选择或文字框来征询、收集用户对销售服务的反馈意见，这样使企业的市场运营能快速形成信息反馈回路。客户的反馈意见能提高售后服务的水平，更能使企业获得改进产品、发现市场的商业机会。

八、交易管理

整个交易的管理将涉及人、财、物多个方面，企业和企业、企业和客户及企业内部等各方面的协调和管理。因此，交易管理是涉及商务活动全过程的管理。电子商务提供良好的交易管理的网络环境及多种多样的应用服务系统，这样更能保障电子商务获得良好效益。

第四节　电子商务的作用和影响

一、电子商务的作用

在现代信息社会中，电子商务可以使掌握信息技术和商务规则的企业与个人系统地利用各种电子工具和网络，高效率、低成本地从事各种以电子方式实现的商业贸易活动。从应用和功能方面来看，可以把电子商务分为三个层次，也称为3S，即展示（Show）、交易（Sale）、服务（Serve）。

展示（Show）即提供电子商情，企业以网页方式在网上发布商品信息及其他信息，并在网上做广告等，从而树立企业形象，扩大企业知名度，宣传产品服务，寻找新的贸易合作伙伴。

交易（Sale）即将传统形式的交易活动的全过程在网络上以电子方式得以实现，如网上购物等。企业以此完成交易全过程，扩大交易范围，提高工作效率，降低交易成本，从而获取经济和社会效益。

服务（Serve）指企业通过网络开展的与商务活动有关的各种售前和售后服务，完善电子商务系统，巩固原有的客户，吸引新的客户，从而扩大企业的业务经营范围，获得更多的经济效益和社会效益。

二、电子商务的影响

电子商务将改变商务活动的方式。传统的商务活动最典型的情景就是“推销员满天飞”“采购员遍地跑”“说破了嘴、跑断了腿”，消费者在商场中筋疲力尽地寻找所需要的商品。而通过互联网只要动动手指就可以了，人们可以进入网上商城浏览，采购各类产品，而且还能得到在线服务，商家可以在网上与客户联系，利用网络进行货款结算服务，政府还可以方便地进行电子招标、政府采购等。

电子商务将改变人们的消费方式。网上购物的最大特征是消费者的主导性，购物意愿掌握在消费者手中，同时消费者还能以轻松自由的方式来完成交易，消费者主权可以在网络购物中充分体现出来。

电子商务将改变企业的生产方式。由于电子商务是一种快捷、方便的购物手段，消费者的个性化、特殊化需求完全可以通过网络展示在生产商面前。为了吸引顾客、突出产品的设计风格，制造业中的许多企业纷纷发展和普及电子商务，如美国福特汽车公司在 1998 年的 3 月将全世界 12 万个电脑工作站与公司的内部网连接起来，并将全世界的 1.5 万个经销商纳入内部网，其最终目的是实现用户的不同要求，按需供应汽车。

电子商务将为传统行业带来一场革命。电子商务是在商务活动的整个过程中，通过人与电子通信方式的结合，极大地提高商务活动的效率，减少不必要的中间环节，传统的制造业借此进入小批量、多品种的时代，“零库存”成为可能；传统的零售业和批发业开创了“无店铺”和“网上营销”的新模式；各种线上服务为传统服务业提供了全新的服务方式。

电子商务将带来全新的金融业。在线电子支付是电子商务的关键环节，也是电子商务得以顺利发展的基础条件。随着电子商务在电子交易环节上的突破，网上银行、银行卡支付网络、银行电子支付系统以及电子支票、电子现金等服务将传统的金融业带入一个全新的领域。

总而言之，作为一种商务活动，电子商务将带来一场史无前例的革命，其对社会经济的影响远远超过商务本身。除了上述这些影响外，它还将对就业、法律制度以及文化教育等带来巨大的变革，电子商务将人类带入信息社会。

三、电子商务的基本组成要素

电子商务的基本组成要素有互联网、顾客、物流中心、认证中心、银行、商家等。

顾客可分为个人和企业。个人用户使用浏览器、个人数字助理、可视电话等接入互联网。为了获取信息、购买商品，还需采用 Java 技术及产品。企业用户建立企业内部网、外部网和企业管理信息系统，对人、财、物以及进、销、存进行科学管理。企业利用互联网网页站点发布产品信息、接受订单，即建立电子商城。如要在网上进行境外销售等商务活动，还要借助于电子报关、报税、支付系统与海关、税务局、银行进行有关业务处理。

认证中心是法律所承认的权威机构，负责发放和管理数字证书，使网上交易的各方能互相确认身份。电子证书是一个包含证书持有人、个人信息、公开密钥、证书序号、有效期、发证单位的电子签名等内容的数字文件。

物流中心接受商家的送货要求，组织运送无法从网上直接得到的商品，跟踪产品的流向，将商品送到消费者手中。

网上银行可以在互联网上实现传统银行业务，为用户提供24小时实时服务，包括与信用卡公司合作、发放电子钱包、提供网上支付手段，为电子商务交易中的用户和商家服务。

四、电子商务系统的交易流程

（一）电子商务系统交易的主要参与者

在电子商务的交易过程中，需要很多角色的参与，这其中除了作为交易主体的企业和消费者之外，为了保证电子商务的顺利进行，还需要为电子商务交易提供服务的其他相关机构，如政府机构、中介机构、认证机构等。

1. 企业

企业是电子商务系统交易的主要参与者，电子商务环境中的企业是指利用电子商务系统进行采购或销售的企业。在B2C电子商务中，它们是零售商，在B2B电子商务中，它们是批发商或者采购商，它们通过电子商务系统完成电子订货、电子采购、电子支付和商品出售。企业利用电子商务系统开展商务活动，可以通过全球性广告、便利的电子手段和高效的通信能力，利用最直接的流通方式、最少的流通环节、最低的库存、最快的流通速度来降低企业成本、缩短生产周期、增加企业盈利，从而使企业获得最大的经济效益。

2. 政府

电子商务的顺利进行离不开政府的支持和保障，政府在电子商务交易中发挥了巨大的作用。

政府是电子商务发展规划的设计者。政府部门应当发挥政策的宏观指导作用，从战略高度重视电子商务对未来经济发展的重要推动作用，制定电子商务发展的宏观战略和规划。电子商务是将高新技术与商务活动相结合的具体应用，涉及各个行业和社会的方方面面，在政策的制定过程中，应当加强行业之间、政府与企业之间的相互沟通和对话，增强政策广泛性和透明度，确保电子商务发展政策的宏观指导性、连续性、示范性和引导作用，克服“政出多门”，避免“多头管理”。

政府是电子商务发展环境的营造者。电子商务作为一种新型的交易手段和商业运作模式，它的成长不仅取决于计算机和网络技术的发展和成熟，而且很大程度上取决于政府能否营造有利于电子商务发展的适宜环境。电子商务交易涉及法律、工商、税务、银行、运输、商检、海关、外汇、保险、电信、认证等部门，以及商家、企业、客户等单位，要使它们按照一定规范与程序相互配合、相互衔接、相互协调以共同完成电子商务活动，政府就要为它们营造公平的法律环境、竞争环境以及完善的市场环境。

3. 消费者

电子商务系统中的消费者是指利用电子商务系统进行消费的个人或团体，消费者可以分为两种：个体消费者和团体消费者。个体消费者是指利用 B2C 或 C2C 电子商务交易系统进行消费的个人；团体消费者是指利用 B2B 电子商务交易系统进行电子采购的企业或部门。

在电子商务交易中，消费者的数量反映了电子商务应用和发展的程度，消费者越多，电子商务就越发达，否则就越不发达。但是，消费者数量的增加受到观念、网络普及程度、网络安全、法律等很多因素的影响，所以电子商务的发展是一个系统工程，它需要方方面面的支持。

4. 认证机构

在电子商务系统中，为了保证交易信息的安全传输，除了在通信传输中采用更强的加密算法之外，电子商务系统中的各参与方还必须有一个可以被验证的标识，这就是数字证书。数字证书必须符合一定的标准，并且其来源必须可靠，这就意味着应该由一个各参与方都信任的机构专门负责数字证书的颁发和管理，这个机构就是认证机构。

认证机构，即认证中心，它是采用 PKI（Public Key Infrastructure）公开密钥基础架构技术，专门提供网络身份认证服务，负责签发和管理数字证书，且具有权威性和公正性的第三方信任机构。目前，CA 认证中心主要分为根认证中心、品牌认证中心和区域性认证中心。CA 认证中心主要由以下三部分组成：在客户端面向证书用户的数字证书申请、查询和下载系统；在注册机构端由 RA 管理员对证书申请进行审批的证书授权系统；在 CA 控制台签发用户证书的证书签发系统。CA 认证中心提供的数字证书业务主要包括：数字证书的申请、签发和发布；证书的查询、作废、更新、存档，有时还提供在线证书状态查询服务；密钥的管理，即密钥的产生、存储、更新、备份和恢复。

5. 中介机构

电子商务环境中的中介机构是指为完成一笔交易，在买方和卖方之间发挥桥梁作用的各种经济代理实体。它是最具电子商务特色的重要参与者，大部分的金融性服务行业，如银行、保险公司、信用卡公司都属于中介机构；此外，经纪人、代理人、仲裁机构等也都是中介机构。

大致来说，电子商务环境中的中介机构可以分为三类：为商品所有权的转移过程（即支付机制）服务，如金融机构；提供电子商务软硬件服务和通信服务的各种厂商，IBM、HP、微软等软硬件和解决方案提供商；如百度等提供信息搜索服务的信息服务增值商。

（二）电子商务系统的基本交易流程

消费者浏览商家的网页。建立安全的通道，要求 WWW 服务器具有服务器证书（此处的证书并非用于交易，只是建立浏览器的 SSL 连接，也可以不用 SSL 连接）。在消费者发起 HTTP 请求时，自动建立 SSL 连接。建立安全通道的目的主要是保证用户在选择物品和填写送货信息时的信息安全。

消费者选择物品放入购物车，商户系统为消费者建立订单号。

消费者结账。消费者选择结账方式，一般采用网上支付。用户点击支付按钮时，商家向用户浏览器发出 Wakeup 的消息，唤醒用户的电子钱包。电子钱包可以是浏览器自带的（如 IE 的 E-wallet），也可以是 CA 推荐的软件。

消费者发送初始请求给商家。在消费者填写正确的账号信息后，提交支付，发送初始请求。消息中包括银行信息和订单号，以便于商家选择相应的支付网关，即选择用户的开户行。

商家发送初始应答及证书。商家收到初始请求以后，产生应答信号并进行数字签名，应答消息包括商家号、订单号、费用、订单细目的摘要、时间；商家获得支付网关的密钥交换证书；商家将初始应答和商家证书、支付网关证书一并传给消费者。

消费者收到应答并发送购买请求。第一，消费者收到商家应答，用商家的公钥解开数字签名，对比签名中的内容是否和签名外的内容一致，验证商家证书。第二，消费者验证商家签名并验证订单细目是否一致；消费者产生订购信息 OI，OI 包括商家号、订单号、订单细目的摘要、时间；对该摘要用自身签名私钥加密，形成数字签名。第三，消费者产生支付信息 PI 并进行数字签名，PI 包括商家号、订单号、费用、信用卡号、密码、时间；用支付网关的公钥加密 PI 信息，形成数字信封，成为加密的 PI 信息，该信息只有用支付网关的私钥才能解开，商家无法解开，以确保用户金融信息的私密性，在这里 OI 不需要用支付网关的私钥进行加密。第四，消费者将 OI 和加密的 PI 制成数字信封连同消费者证书传递给商家。

商家收到购买请求。商家接收到购买请求以后，首先解开数字信封获得 OI，验证消费者证书，然后商家比较订单的摘要是否相同，并将支付信息送至支付网关授权。

商家发送支付授权请求。商家产生授权请求并对授权请求进行数字签名，以此形成数字信封；商家将形成的数字信封、商家证书及消费者发送给支付网关的 PI 数字信封发送给支付网关；将消费者证书一并发给支付网关，便于验证签名。

支付网关收到支付授权请求。支付网关收到支付授权请求以后，验证商家证书，并解开授权请求数字信封，得到授权请求消息；支付网关验证商家数字签名和消费者证书并解开 PI 数字信封，得到支付信息 PI，验证消费者数字签名；支付网关核对商家号、订单号、费用、时间，并进行唯一性检查；支付网关将用户卡号、密码、费用转换为 8583 格式。

将 8583 格式的金融信息发送给金融机构。金融机构主机将确认消息传送给支付网关。

支付网关授权应答。支付网关产生授权应答消息并对授权应答消息进行数字签名；支付网关将签名后的信息形成给商家的数字信封并将其连同支付网关签名证书一并传送给商家。

商家处理授权应答。首先，商家验证支付网关的签名证书并解开支付网关的数字信封，得到签名的授权应答；然后，商家验证支付网关的数字签名并保存该数字签名及消息，作为收款凭证。至此，商家完成购买请求。

商家向消费者发送支付成功消息。商家产生电子票据，包括商家号、订单号、订单细目、时间，并进行数字签名；商家将电子票据和商家证书发送给消费者。

消费者收到确认消息。验证商家证书和商家签名，保存电子票据，关闭电子钱包，返回浏览器就能收到支付成功信息。

（三）网络商品直销模式的交易流程

1. 网络商品直销的概念

网络商品直销是指生产者利用电子商务系统的功能直接将商品卖给消费者的过程，它是企业对消费者电子商务的一种实现方式。在网络商品直销模式中，生产型企业在互联网上建立自己的电子商务系统，为消费者购买本企业的产品提供便利。

2. 网络商品直销模式的交易流程

消费者进入互联网，登录企业电子商务系统，查看并选择需要购买的商品，然后放入购物车。

消费者修改购物车内容，包括增加商品、删除商品、修改商品的数量等，然后确认购物信息。

消费者填写订单，包括消费者姓名、住址等信息，然后将订单发送给企业的电子商务系统服务器。

消费者选择支付方式，如信用卡，也可选用借记卡、电子货币或电子支票等支付方式，然后将支付申请发送给生产企业。

生产企业的电子商务系统服务器与开户银行联系，使其与消费者的发卡银行联系，以取得支付授权。

生产企业的电子商务系统服务器确认消费者付款后，通知销售部门或第三方物流企业送货上门。

消费者的发卡银行将支付款项转账到企业的开户银行，开户银行负责向消费者发放收费单。

以上这些过程均在SET协议下进行，在整个交易过程中，需要第三方认证机构对交易双方进行身份认证，以确认交易双方的身份，目的是保证交易的安全。

3.网络商品直销模式的主要优点

该模式中的生产厂商熟悉自己的产品，能给顾客提供包括产品规格、品质、分类在内的全面信息，同时生产厂商能控制产品的生产流程及存货水平，避免出现不能满足顾客需求的情况，也不会因为实施电子商务带来额外的存货风险。

该模式还能够有效减少售后服务的技术支持费用。消费者可以通过查阅生产厂家的主页解决许多使用中经常出现的问题，也可以通过论坛或电子邮件与厂家技术人员直接交流。这样，生产厂家既可以减少技术支持人员的数量，又可以减少技术服务人员出差的频率，从而降低企业的经营成本。

该模式能够有效减少交易环节，大幅度降低交易成本，从而降低商品的最终价格。在传统的商业模式中，存在着一个从原材料供应商到生产企业到批发商到零售商再到消费者的供应链。这也就意味着从生产企业到消费者，每经过一个中间商，商品的价格就要上涨一次，上涨的价格等于中间商的盈利加上中间商的营业等费用。由此可见，中间商越少，消费者所购买商品的价格就越低。在网络商品直销模式中，消费者和生产企业之间没有中间商，所以企业和消费者就可以节约传统商业模式中中间商所获取的收益，从而使企业能够以较高的价格出售商品，消费者以较低的价格购买商品。

4. 网络商品直销模式的缺点

由于在该模式中，生产型企业只销售自己生产的产品，所以这种网站提供的商品品种单一，顾客缺乏对同类产品的比较。

对于生产厂商应付数量小、批次多的企业而言，消费者电子商务会对其生产带来一定的影响。

消费者利用信用卡进行网上支付，不可避免地要将自己的信用卡号和密码输入计算机，犯罪分子可能利用各种高新科技的作案手段窃取信用卡号和密码，进而盗窃用户的钱款，这种情况无论是在国内还是国外都有发生。

（四）电子交易市场模式的交易流程

1. 电子交易市场模式的概念

电子交易市场模式是指通过网络商品交易中心，即虚拟网络市场将各个行业中相近的交易过程集中到一个场所，为企业的采购方和供应方提供交易机会的电子商务模式。在该模式中，网络商品交易中心以互联网为基础，利用先进的电子信息技术，将采购商、销售商和金融机构紧密地联系起来，为客户提供商品信息、交易平台、仓储配送、货款结算等服务。

2. 电子交易市场模式的交易流程

各个供应商和采购商选择电子交易市场平台，注册成为电子交易市场平台的会员。

供应商和采购商将供求信息发布到电子交易市场平台，该平台通过信息发布服务向会员提供大量的、详细的、准确的交易数据和市场信息。

供应商和采购商根据电子交易市场平台提供的信息，选择自己的交易伙伴，电子交易市场平台从中促使买卖双方签订合同。

采购商在电子交易市场平台指定的银行办理转账付款手续。

商品由电子交易市场平台在各地的配送部门或第三方物流企业送达采购商。

3. 电子交易市场模式的优点

电子交易市场模式为采购商和供应商提供了一个虚拟交易场所。世界各国的采购商和供应商都可以在电子交易市场平台上进行交易，每一个电子交易市场平台都能够储存全世界几千万种商品信息资料，可联系千万家企业和商贸单位。每一个供应商都能够充分地宣传自己的产品，及时地沟通交易信息，最大限度地完成产品交易；每一个采购商都能够查找自己需要的产品，充分对比不同供应商的产品，购买最满意的产品。

电子交易市场可以以中介的身份有效地解决传统交易中存在的一些信用问题。在采购商和供应商注册成为电子交易市场会员时，电子交易市场就要核对它们提供的企业信息，以保证交易信息的真实性。在交易双方签订合同前，电子交易市场还可以协助采购商对供应商的商品进行检验，保证商品的质量符合标准。这就杜绝了商品“假、冒、伪、劣”问题，使交易双方不会因质量问题产生纠纷。签订的合同会被保存到电子商务系统的数据库中，电子交易市场的工作人员对合同进行监控，监督合同的履行情况。如果任何一方违约，系统将自动终止合同的执行，使对方避免遭受经济损失。如果合同履行顺利，货物到达后，电子交易市场的交易员将协助采购商验收。在验货合格后，采购商于24小时内将货款转账到供应商账户，此时方可提货，从而保证了采购商“货到必付款”。

4. 电子交易市场模式的缺点

目前的合同文本还是纸质的形式，如何过渡到电子合同并在法律上得以认证，尚需解决有关技术和法律问题。

整个交易系统的技术水平如何与飞速发展的计算机网络技术保持同步，则是在电子交易市场起步阶段必须考虑的问题。

（五）国际电子商务的交易流程

1. 国际电子商务的概念

国际电子商务是指买卖双方利用现代信息技术和通信技术进行国际贸易活动的信息交换过程。早期的国际电子商务是一种基于 EDI 的电子商务，我们这里所说的国际电子商务是基于互联网的全新贸易方式。

2. 国际电子商务的参与方

国际电子商务参与方主要包括卖方、买方、金融中介和第三方服务提供者，它们的权利和义务与传统的国际贸易有很大区别。

在国际电子商务中，卖方的主要责任是向买方提供与合同相符的货物或者按合同的规定安排由第三方提供服务；买方付款和收取货物，其义务主要是接受由第三方服务提供者提供的服务；金融中介负责支付货款，担保买方的付款承诺，担保买方金融中介的付款责任；第三方服务提供者按买方和卖方的要求提供服务，这里第三方服务提供者主要包括承运人、货物转运人、保险公司、海关等。上述的卖方、买方、金融中介和第三方服务提供者必须保证其发送给所有贸易当事人的电子报文的准确性、完整性、真实性。

3. 国际电子商务的交易流程

卖家利用买家的公开密钥对发价报文进行加密、数字签名并加盖数字时间戳，然后通过国际电子商务系统将该报文发送给买家。

买家收到该报文后利用其私人密钥解密报文并且验证卖家数字签名的有效性，然后买家产生一条接受发价的报文，经加密、数字签名和加盖数字时间戳后通过国际电子商务系统传递给卖家，于是一条电子合同就形成了。在这里，数字时间戳主要用来证明接受发价的日期和时间。

该电子合同详细规定了卖方获得货款所必须承担的责任，这些责任包括第三方服务提供者的服务。卖家根据电子合同向第三方服务提供者发送经加密、数字签名和加盖数字时间戳的指示报文。

第三方服务提供者根据指示提供服务，然后发送一条经加密、数字签名和盖上数字时间戳的报文给卖家，证明其已经按照合同提供服务。

电子合同所规定的卖家必须承担的所有义务被完成后，卖家向买家传递一条经加密、数字签名和加盖数字时间戳的报文，说明合同条款已经履行，通知买家付款。

买家在确认合同条款已经履行后就可以通过电子支付手段进行付款，也可以通过金融中介付款。

卖家根据付款或承兑情况向第三方服务提供者发送一个经数字签名、加密和加盖数字时间戳的报文，指示其向买方转移货物所有权。然后代表货物所有权的电子单据转移给买方，买方可以收取货物。

第五节　电子商务的应用领域

电子商务可以应用于贸易、金融、证券、咨询、旅游、广告、出版以及税务等领域，电子商务系统作为信息流、资金流的实现手段，应用极其广泛，尤其适于以下情况：

旅游服务业，如酒店、宾馆、饭店的订房服务。机场及车站订票、信息发布等一系列服务；

传统的出版社和电子书刊、音像出版部门销售书籍、电子书刊、音像光盘、DVD、软件等；

网上批发、零售商品，网上销售汽车、房地产，网上拍卖等交易活动；

网上证券；

计算机、网络、数据通信软件和硬件生产商；

无收入的慈善机构；

进行金融服务的银行和金融机构，持有各种电子货币或电子支票者，如信用卡、磁卡、智能卡、电子钱包等持有者；

政府部门的电子政务，如电子税务、电子商检、电子海关、电子政府管理；

信息公司、咨询服务公司、顾问公司等；

分布在全世界的各种应用项目和服务项目管理；

电子医疗；

电子军务；

企业资源规划 ERP 等。

第二章　农村电子商务的发展对策

第一节　完善电子商务法规体系

一、完善农村电子商务的法律法规

电子商务是一种全新的革命性的商务模式，它绝不仅限于技术和经济领域，其在法律领域的影响也是很重要的。电子商务相关的法律规范主要有买卖双方身份认证法、电子支付系统安全措施、信息保密规定、知识产权侵权处理规定、税收征收以及广告的管制、网络信息内容过滤等。电子商务以先进的技术作为基础，是一种全球化的商务模式，要与国际接轨，必须遵从相关的技术标准规范，我国在标准的制定上仍然存在不完美之处。农村电子商务要结合农业特点，完善相关法律法规、标准规范。

建立健全农村电子商务的法律法规体系，要加强电子商务法律法规的研究。充分借鉴在立法以及其他的一些体制和做法上比较完善的国家的经验，逐步建立起适应我国国情的农村电子商务发展方面的法律法规，用法律来规范和保障农村电子商务的健康发展。

二、加强农村电子商务活动的监管

发展电子商务要建立健全的法律法规体系，加强市场监督管理，规范市场秩序，改善信用环境，使电子商务得到健康、有序的发展。逐步建立适合我国国情的农村电子商务法律法规，用法律规范农村电子商务的健康发展。同时加强农村网络市场的监督机制，以保证网络技术、产品、市场信息的可靠性及交易渠道的正规化，形成良好的网络市场环境。

三、打击电子商务的违法犯罪行为

为保证电子商务活动得以正常进行，政府需要提供一个透明的、和谐的商业法律环境。目前我国亟须制定的有关电子商务的法律法规主要有买卖双方身份论证方法、电子支付系统安全措施、信息保密规定、知识产权侵权处理规定、税收征收以及广告的管制、网络信息内容过滤等。另外，建议国家司法部门加大对网络犯罪的侦查、追究力度，严厉打击电子商务领域犯罪，营造电子商务的一片净土。

四、用好电子商务相关的法律法规

一是要建立农村网络红盾维权站。及时指导农民防范网络交易风险，解决农民在网络交易中遇到的实际问题，维护农民专业户网络交易的合法权益。二是要引导农民专业户诚信经营。积极支持建立农村电子商务网站，开展网络亮照经营，引导农民诚信经营。三是要加强网络经营行为监管。与特色村网络交易主要的买家区域所在地管理部门建立协查机制，及时为专业户核实买家身份，查处网络经营违法行为，降低农民网络交易风险。

第二节 健全农产品标准化体系

一、加强农业品牌化标准化

电子商务的一个重要特征就是商品的品牌化和信息标准化，而我国在农产品尤其是生鲜农产品的品牌和标准化生产体系建设上一直相对滞后，这制约了农产品网上流通的发展。为了适应农村电子商务发展的需要，引导我国农产品更好地走向世界，政府行业协调机构应当尽快引导广大农民加快执行国家有关农产品质量等级标准、重量标准和包装规格等标准体系，以减少不必要的资源浪费，为实现农产品的电子交易奠定基础。

二、建立统一的农产品标准

农产品作为特殊的产品，其生产受多种因素（比如天气、水、土壤、地形等）的影响，而这些特殊性，加大了其在特征和质量方面的度量标准制定的难度，而度量标准是农村电子商务得以广泛开展的一个先决条件，没有标准，就不能对产品进行比对，就没有衡量产品质量的准绳。因此首先要对农产品进行标准化管理，只有解决了农产品的标准化问题，农村电子商务才能做到质的飞跃。所以说，农产品难以标准化一直是制约农产品流通的瓶颈，也是制约实现农村电子商务发展的瓶颈。应加快对各类农产品及其加工品的标准化工作，制定标准和规范，实现各类产品标准化，并提供相应标准描述，使农村电子商务得到顺利地开展。

三、建立规模化生产体制

农村电子商务要求网上交易的农产品品质分级标准化、包装规格化以及产品编码化。从长远来看，解决问题的办法应是在全国建立规模化生产的农业生产体制，规模化生产不仅是提高劳动生产率的需要，也是保证农产品规格化、标准化生产的基础；还应建立以加工和食用品质为中心的质量检查评价系统和农产品市场体系与市场价格系统；研究开发适合我国国情，符合我国消费特点的农产品规格标准系统。

四、加快农产品标准化建设

加快农产品标准特别是主要农产品的内在品质、加工性能、分等分级、包装保鲜和安全卫生等标准的制定和修订。在制定标准的同时，还要充分发挥质量监测体系的监督管理作用，搞好标准实施情况的监督，重点突出农产品中农药残留、兽药残留和其他有毒有害物质的监督，确保农产品的安全性。

第三节 构建网络支付物流体系

一、加强农产品物流体系建设

完善的物流体系，能够提高电子商务的效率与效益，从而支持电子商务的快速发展。发达国家的农村电子商务，不仅有专业化的电子服务平台，而且农产品物流服务的社会化程度也很高。我国农产品生产分散、规模小、流通效率低，应逐步建立起以信息技术为核心，以储运技术、包装技术等专业技术为支撑的现代化农业物流体系，促进农村电子商务发展。

（一）建立相应的供应链系统

农业具有明显的地域性、季节性的特点，要将不同区域、不同季节的农产品联系起来，需要在农业与电子商务平台之间建立行之有效的供应链系统以及为农业供应链服务的农业物流系统；还要利用现有的配送企业，充分发挥分工的优势，实现客户所需要的资料、信息、品种、农业物资等的及时配送。

（二）建立农产品物流配送体系

我国农产品种类繁多，生产单位小，组织化程度低，法制不健全，物流技术难度较高。正如人们所讲的，我国农村电子商务“真正实现物流配送体系的极少，几乎等于零”。因此，需要我们认真研究农产品的配送问题，建设现代化物流配送体系，利用先进的信息手段和网络技术改造传统的农产品流通模式。优化流通机制和过程，优化资源配置，降低流通成本，提高生产经营效益，并大力发展第三方物流，它们是发展农村电子商务的重要保证。大力建设和提升现有的农产品批发市场，将市场网络覆盖到各个区域中心城市。重点培育一批有发展实力和潜力的农产品物流企业，进行物流设备、物流技术和人才等方面的资助和指导，尽快将它们培育成农产品物流行业的支柱企业。扎实地建设和培育一批产区大型重点专业市场，并在此基础上发展大宗农产品电子交易中心。

（三）利用乡邮完善农产品与农资产品配送体系

农村流通基础较差，投资回报率低，农产品流通成本高，企业在农村投资的意愿不强。因此，要在财政、税收等方面给予必要的支持，引导和鼓励社会资本、商贸流通企业、邮政系统和其他各类投资主体，通过兼并、联合或发展加盟连锁等方式，发展农村现代流通业。目前邮政系统遍布全国城乡，分布在农村的邮政支局（所）和服务网点 5.9 万处，农村乡邮人员 8 万余人，为邮政系统发挥自身优势，按照现代流通业的要求，发展服务于农村市场的连锁经营、物流配送和电子商务，完善流通网络，切实提高服务“三农”的能力和质量打下了坚实的基础。通过邮政网络体系，全面提升农产品流通水平，创新流通方式，畅通流通渠道，缩短流通时间，降低流通成本。

二、打造科学快捷的物流平台

农产品物流是现代物流的重要组成部分。在我国，专业从事农产品物流配送的企业，往往不注重电子商务活动。在建设社会主义新农村的过程中，要促进农业经济的发展，实现农产品物流的畅通，应对国外农产品对我国农产品的冲击，就必须加快农产品流通体制，改革、优化、重组传统的农产品物流体系。农村电子商务能够打造新型的农产品物流供应链，对农产品的产、供、销各环节提供数字化的交易、拍卖、支付、配送等服务。

在适当的时候建立若干农产品物流中心，增加对农产品储藏、加工和信息开发利用的能力。物流发展水平低下，物流设施总量不足，物流配送中心不完善，运作效率不高，已经成为经济欠发达地区农村电子商务发展的一大瓶颈。顺利发展农村电子商务，一方面应着力建设和提升现有的农产品批发市场，将市场网络覆盖到各个区域中心城市；另一方面，应该建设大型的全国范围内的农业物流信息平台，建立农业物流行业协会，积极培育和发展冷链运输等现代物流体系，在条件成熟的地区发展现代化的农业物流企业或者物流基地。

三、完善网络营销的支付系统

构建完善的农村电子商务体系需要简单、安全、高效的在线支付解决方案。这方面有很好的例子，如支付宝、易宝等第三方支付平台。这些平台能提供先进的技术，拥有良好的风险管理与控制能力，目前已和国内工商银行、农业银行、建设银行、招商银行、上海浦发银行等商业银行以及中国邮政、VISA国际组织等机构建立了战略合作关系，成为金融机构在网上支付领域极为信任的合作伙伴。

（一）**建立统一网络支付体系**

随着电子商务的发展，近几年我国网上支付的发展十分火爆，通过手机支付的“掌上通”等支付工具达数十种。但由于支付工具的繁多，不利于支付信用的监督。实现网上支付必须要建立一个全国统一的网上支付清算体系。网上支付清算体系应属于中国国家现代化支付系统的重要组成部分。建立我国统一的网上支付体系，可以联合电子商务网站开发统一的电子商务支付工具。

（二）**建立安全的网上支付体系**

农村电子商务是一种基于互联网的商务活动，其核心内容是信息的相互沟通和交流，支付和交货是最终目的。而网上支付是农村电子商务一个非常重要的环节。此时，银行等金融机构的介入是必不可少的。因此，我国金融机构建立一个国际化、信息化、高水平的，被国际认可的支付网关十分重要。

（三）**建立良好的信用体系**

面对虚拟化电子商务市场，农村用户尚不具备高深的判断能力，所以农村电子商务能直接体现信用值，这对于电子商务的普及和应用将起到决定性的作用，用信用标志让农村用户直接识别企业的电子商务信用；用信用星级积分，表明信息本身的信用程度；用信用星级工具，为企业提供评估、信用等级的工具。

四、构筑第三方电子商务平台

目前，我国主要还是以单个农户作为农业生产经营的基本组织单元。规模小、实力较弱的农业生产经营单位和市场之间缺少有效的连接机制。

（一）第三方电子商务交易平台的功能

第三方电子商务交易平台从交易的角度出发，能够从实质上解决农业市场化的问题。第三方电子商务模式最基本的功能是提供买卖双方的信息服务。一是买方或者卖方注册，发布采购或销售信息；二是可以提供行业、市场等附加信息；三是提供与交易配套的服务，如电子合同、网络支付服务等；四是提供客户管理功能，客户可以管理自己的交易信息。

（二）第三方电子商务交易平台的构筑途径

一个比较好的第三方商务交易平台应采取官办民营的模式，为农户和企业提供大量的供求信息、产品展示、质量认证、网络营销、在线交易服务等。官办民营可以有效解决与政府系统的对接，使资源集中使用及推广，按照标准的业务模式面向经济全球化建立统一的电子商务执行平台。第三方电子商务平台将众多生产经营单位聚集到一个平台，为电子商务联盟中的成员带来新的采购、计划和决策优势。一是发挥农业龙头企业的作用。农业龙头企业是农业产业化经营的主体，它一头连着农户，一头连着市场，在资金、技术、加工、储运信息和销售渠道等方面都有明显优势。应有选择地扶持一批龙头企业，给予资金、政策等方面的支持，通过龙头企业迅速带动农产品电子商务业务的发展，并为其他企业起到示范作用，从而在全行业取得成功。二是发挥典型的示范作用。要有效推动农村电子商务的发展，应采取以点带面、先行试点、再行推广的方式。选择一批有一定的文化和商务知识，接受新技术比较快，比较富裕的农户作为试点，给予技术上的支持和物质上的扶持，让他们率先开展电子商务并取得经济效益。通过他们的示范作用，影响和带动周围农户开展农村电子商务。三是全力发挥特色村实体经济的主体优势。首先，要鼓励支持特色农产品深度开发，扩大利润空间。鼓励专业大户带头进行产品深度开发，逐步向多样化、品牌化发展，借助网络优势扩大产品销售渠道，提高知名度。其次，要将发展农村电子商务列入政府重要工作。政府牵头整合各相关部门职能，设立农村电子商务发展办公室，依法出台特色村网上交易税收优惠政策，在扩大经营的用地、用电等方面给予支持。再者，要鼓励支持成立行业协会。利用特色村实体经济集中的优势，鼓励、支持网络商品经营者成立行业协会，发挥行业协会自我服务功能。最后，实施网上商务宣传，扩大市场机会。网络建成后，要积极开展网上广告信息发布，宣传新农村文化、企业面貌、农产品信息，提供丰富全面的信息资料，吸引外商投资办厂，充分利用现有的各种电子商务平台来实现优质农产品在世界各地市场间的流动。

第四节　建设农村电子商务平台

一、加强农村网络基础设施建设

鼓励各种社会力量参与，构建保证信息完整性和安全性的多层次、开放的网络体系。把网络连接到种植大户、养殖大户、农民经纪人、农业企业和农民的家中。在农村网络基础设施建设上，应具有针对性。在经济发达、农民素质较高的地区，应积极采取各种措施，鼓励和帮助农民上网；在经济不发达、农民知识水平较低的地区，可以依托目前较为普及的电话网、电视网、广播网，大力发展广播电视和通信工程。

加强农业基础信息资源系统建设。农业基础信息资源系统主要包括农业市场信息系统、农业生产信息系统、农业科研教育信息系统、农业资源环境信息系统、农业管理信息系统、农业企事业单位信息系统、农业政策法规信息系统等。要加大收集各方面的信息，以充实现有数据库的内容，为农村电子商务从业人员提供全面、丰富、准确、及时的科技、市场信息服务。

建立农业信息服务体系。逐步建立农业生产资料的生产、供应体系，农产品加工、销售体系，农业科研、教学、技术推广体系，农作物种子、家禽畜种的培育、繁殖、加工、销售体系及农产品质量检测、监督体系等一系列的农业信息服务体系。

真正实现网上在线交易。新农村电子商务网站要深入地、比较完善地为会员提供整套必要的交易服务，实现在线查询、搜索、发布、展示、洽谈、反馈、订购招标、拍卖等交易功能，着力构建一个以信息流来驱动物流和资金流的网上信息港和交易社区。

移动通信运营商应更多地参与到农村信息化和电子商务建设中。因为手机相对电脑是价格较为低廉的信息化终端，语音、短信、WAP上网已经是目前运用较为成熟的信息化手段。如果相关费用降至农民可以承受的范围，则移动电子商务灵活、方便的特点，简单、易于操作的界面，再辅以安全可靠的电子支付平台，将给更多的农民带来福祉，也必将对农村的信息化和电子商务建设产生极其深远的影响。

利用电子商务平台推进农村电子商务发展。目前，我国已经有卓有成效的电子商务平台，如阿里巴巴。农民利用这样的平台，在不用建立自己的网站的情况下就可以和外界联系，出售农产品，做电子商务。通过利用平台涉足电子商务领域，带动更多农户开展电子商务活动。

二、加强农村电子商务人才培养

（一）加快培养复合型人才

发展农村电子商务离不开具有现代农产品知识、商务知识和掌握网络技术的复合型人才。因此政府应发挥指导作用，鼓励各级教育机构开设农业信息化专业，并给予一定的政策倾斜和资金资助，培养从高等教育到职业教育等多层次的农业信息化人才。还应大力发展当地的农业信息服务机构，制定和完善选聘生、选调生政策，吸引优秀人才从事农村电子商务工作。

（二）提升新型农民的素质

这是实现我国农业现代化的关键，也是农产品电子商务发展的重要因素。要从实现农业现代化的长远目标出发，制订详细的规划，采取具体措施，有步骤、分阶段，踏踏实实地提高农民的文化知识水平和农业技术水平。充分利用计算机网络的优势，结合其他通信手段，大力实施远程教育，不断提高劳动者素质，强化农民信息意识，培养高素质的新型农民。另外，还应把懂业务的各种专业人才充实到农业信息化队伍中，形成一支结构合理、素质良好的信息服务队伍。

（三）大力扶持“农村经纪人”

大多数农民经济条件有限，很难购买和使用现代化网络设备，而且文化素质不高，难以掌握计算机终端的使用与互联网功能，同时居住分散、交通不便、信息渠道不畅通，也给建立与维护现代信息系统带来相当大的困难。在这种情况下，指导、培训并扶持一批具有电子商务操作能力的农民先致富，并通过这些“农村经纪人”先富的示范效应，将互联网、电子商务平台、农民有机地联系起来，带动区域内农民共同致富。只有高素质的农村电子商务经纪人，才是真正带领农民走向富裕的“领头羊”。

（四）加强电子商务知识的宣传普及

对农民进行信息技术和电子商务培训，教育农民使用和掌握检索网络信息与网上交易的方法和技术，提高农民的信息素质和技术水平。通过各种舆论宣传工具，如“三下乡”活动等形式面向大众进行电子商务宣传，普及电子商务常识，提高农民电子商务意识，在农村营造出一个良好的电子商务氛围。让农民真正看到电子商务便捷、高效、省时的特点，调动他们参与电子商务的积极性。

（五）采取各种措施培养农村电子商务管理与服务人才

一是要在农村普及电子商务知识。建立电子商务培训点，培训电子商务基础知识和简单的应用技能，逐步普及电子商务知识。二是要推行大学生村官本土化。鼓励大学生回到自己的家乡创业，担任特色村的村官，或本村大企业的高级管理人员。三是建立村校联合人才培养基地。与本地区的电子商务专业院校合作，积极吸引外来人才入村创业，建立农村电子商务管理人才培养基地，培养村里的网络经营能人。

三、建设高效农村电子商务平台

建设农村电子商务平台，为农业产业化提供大量的多元化信息服务，为农业生产者、经营者、管理者提供及时、准确、完整的农业产业化的资源、市场、生产、政策法规、实用科技、人才、减灾防灾等信息；同时，为企业和农户提供网上交易的平台，支持B2B、B2C、C2C等多种交易模式，降低企业和农户从事电子商务的资金门槛，培育、扶持农村电子商务企业。

（一）选择适合的电子商务切入模式

应根据各地区农业经济发展的特点，采用适应本地区发展的农村电子商务切入模式。经济发达地区可通过电子商务平台实现接洽、合同和货款支付的电子化交易，除物流之外，商流、信息流、资金流都在网上进行，以真正体现电子商务的优势。不发达地区可以采用通过农业信息网的信息发布平台在网上发布供销信息，线下完成交易的初级电子商务模式。

（二）加强农业产业化数据库建设

应统筹规划、协调指导，加强农业产业化数据库建设，提高数据库资源的拥有量和开发利用水平。同时，应在各地区、各部门结合本地农业产业化发展的实际情况建设各具特色的数据库的基础上，实现数据交换的及时通畅，共享信息资源。

（三）建立高效规范的信息数据库系统

信息时代，谁最先获得信息，谁最先运用信息，谁就能获得市场、获得利润。要发挥农村电子商务的巨大潜力，一定要建立一个高效规范的信息数据库系统，即建立一个良好、高效的收集信息、分析信息的数据库系统，从而优化自身的资源配置，降低成本，提高效率，增强市场占有率。

（四）农村电子商务平台的功能设置

当前，不少涉农电子商务平台只有静态的浏览信息，这显然是不够的，还应该具备如下功能：产品信息发布、产品信息快速查看、在线客户咨询、订单查询、在线商务谈判、在线交易支付、物流配送、客户反馈、客户服务、投资机会、产品知识、常见问题解答（FAQ）、全球销售网络分布、全球采购、新闻中心、产品中心、人才中心等。只有功能完备的电子商务平台，才能赢得更多的商业机会。

（五）农村电子商务平台的宣传和推广

不管采取哪种方案搭建电子商务平台，都要做好网站的宣传和推广工作，扩大访问量，赢得社会关注和认可。对此，应注意，平台设计应具有农业特色；具有较好的安全性和交互性；在各种公共媒体上发布网站信息；在互联网的相关网站上发布广告条，设置友情链接；给潜在的客户发送电子邮件，寻找可能的贸易机会；在搜索引擎中设立自己的位置，让潜在客户发现自己。

四、农村电子商务平台构建方案

对于实力雄厚、信息化基础设施条件较好的发达地区，农业企业可选择构建自有的电子商务平台，并通过互联网实现国际化的电子商务；对于一些中小型企业，可依托第三方电子商务平台来实现电子商务；对于业务联系紧密、集约化经营的企业联盟，可通过协同集成的方法构建协同电子商务平台；对于力图开拓国际市场、具有较强市场竞争力的企业或企业联盟，可通过构建国际化的电子商务平台，参与国际市场竞争。

（一）创建农村电子商务平台

农村电子商务平台大体上可分为三类：第一类是起宏观指导作用的政府农业网站。此类网站的特点是农业信息服务和管理。第二类是起农业信息中介作用的非政府组织网站，此类网站的特点是提供综合性农业信息或专业化信息。第三类则是直接用于农产品交易的网站，这是农村电子商务的最终表现形式，此类网站的特点是能够提供农产品网上订购和网上支付。

除此以外，还可以根据各地的特点搭建特色农产品交易平台。

（二）加快软件服务平台构建

应重点扶持几个综合性农业网站，重点扶持的对象是具备相当规模的，集农业信息资源与电子商务等多功能服务于一体的，信息齐全、功能强大的综合性农业网站；为顺应网络经济时代农产品贸易电子化的趋势，必须大力发展适合我国国情的农产品电子商务，以促进农产品供销网络化，提高农产品流通效率。

（三）培育网上交易的客户群

加强电子商务有关知识的宣传与培训，提高电子商务在农户中的可信度。通过举办形式多样、生动活泼、图文并茂的电子商务科技宣传和培训，传播电子商务的应用方法和注意事项，扩大农村居民对电子商务的了解和认识。此外，对于大多数人来说，顾虑的是网上交易安全、货物质量、付款、送货等方面问题，政府应该从立法、执法方面加以规范，减少风险。

第三章　农村电商运营的流程

第一节　农村电子商务网站设计

一、农村电子商务网站的系统分析

（一）电子商务网站设计的名词

网站目标是电子商务网站发展的定位和远景描述，是指导网站设计的宏观依据。

网站定位就是确定网站到底要做什么，它的主题是什么，就如同写一篇文章首先要确定立意。网站定位的准确与否直接影响网站的质量。网站定位要解决的问题是确定网站的主题及规模。

网站栏目是网站要体现的主要内容，其功能是将网站的主题明确地显示出来。

网站的目录是指建立网站时创建的目录。目录结构的好坏，对浏览者来说并没有什么太大的影响，但对于站点本身的维护、未来内容的扩充和移植有着重要的影响。

网站的链接结构是指页面之间相互链接的拓扑结构。它建立在目录结构的基础之上，但可以跨越目录。形象地说每个页面都是一个固定点，链接则是两个固定点之间的连线。一个点可以和一个点链接，也可以和多个点链接。更重要的是，这些点并不是分布在一个平面上，而是存在于一个立体的空间。网站的链接结构一般有树状链接结构和星状链接结构两种形式。

局部导航一般包括网站的次要栏目或二级以上目录内容所对应的页面。这些页面的链接会出现在一些相关联的页面上。用户只有在相关页面上通过局部导航链接才能进入这些页面。

全面导航包括网站的主要栏目或一级目录内容所对应的页面，这些页面的链接出现在网站的每个页面上。这样，用户在浏览网站的任何时刻和任何地点，都可以由全局导航链接直接抵达相应的页面。使用网站导航图是目前一种比较流行的做法，通常用于大型网站，即把网站的主要栏目在一个网页中集中体现。

页面布局也称页面构图设计，其主要任务是将 Web 页面合理分割成用于安排文字、图像等各种屏幕元素的区间。良好的页面布局设计应该做到结构清晰、趣味盎然，并且易于用户操作。

信息是通过数据形式来表示的，是加载在数据之上，对数据具体含义的解释。

数据文件是同类记录集合的、计算机内部的一种存储和管理形式。

配送本质是现代化送货和交货。包括三大部分：备货、配送和交货。配送是物流进入最终阶段的活动。配送作为一种现代物流方式，集经营、服务、社会集中库存、分拣、装卸、搬运于一身。

（二）电子商务网站的功能定位

电子商务网站所能提供的功能一般受限于技术因素，主要功能有如下几类。

1. 产品展示

一是分类和索引目录。目录、子目录有时在组织上很方便。例如，一个农产品供应品商，会有成千上万种被分类的产品，像这样的企业，在建立电子商务网站时，对农产品分类展示是很重要的。二是产品的搜索引擎。网站可以利用数据库和信息检索技术为用户提供对产品及其他信息的查询功能。查询功能可以包括关键字查询、分类查询、组合查询等。通过搜索引擎的查询功能，用户可以方便、快捷地在网站上找到所需要的产品及服务方面的信息。三是自动推荐。自动推荐是一种可以按照客户购买商品的历史自动交叉销售的技术。这是一种自动推荐的合作过滤工具，通过使用这个系统，可以基本上实现让有相似兴趣的客户互相推荐购买的产品，他们买得越多，推荐的准确性就越大。

2. 售后服务

一是自动回答和建议。利用人工智能中的机器学习、知识表示及自然语言翻译技术，使网站能奇迹般地回答用户提出的各种问题，包括一般性服务和销售查询问题。它还能把回答不了的问题转交给客户服务部，让他们来回答。这种技术也被用在农业企业，用来解决客户的需求，然后主动地推荐一种准备好的方案。二是网上培训。在网站发布培训信息，提供培训教材及资料，用户可以在网上申请培训，预定培训日期，甚至还可以以农业远程教学的方式直接为用户提供网上培训。

3. 网上订购

网上订购包括网上采购及填写订购单等功能。这一功能是电子商务网站极其重要的功能，没有这一功能，电子商务网站是不完整的。

4. 网上结算

网上结算是指通过信用卡实现用户、商家与银行之间的结算。只有实现网上结算，才标志着真正意义上的电子商务活动的形成。

（三）电子商务网站主题与需求

1. 电子商务网站的主题确定

一是主题要与电子商务网站本身所从事的业务相关。主题要始终贯穿于电子商务网站所从事的业务，否则就会喧宾夺主，失去建立电子商务网站的意义。二是主题定位要专，内容要精。如果想制作一个包罗万象的站点，把所有认为精彩的东西都放在上面，往往会事与愿违，给人一种没有主题、没有特色的感觉。据调查，网络上的主题网站比“高大全”式的网站更受人们的喜爱。三是主题要新颖。一个成功的网站，是与它新颖的、与众不同的主题分不开的。网站定位中最主要的，也是最有价值的部分，就是它一定有创新的主题，因为主题是网站的灵魂，如果没有新颖的主题，网站也就失去了生命力。

2. 电子商务网站的需求分析

需求分析阶段最好涉及企业所有的部门，以便在开始时就能了解每个人的需求和建议，网站的设计才能尽可能地合理，符合实际需求。需要收集的需求信息涉及全部销售和市场周期的各个阶段与内容，它们包括：一是客户。谁是目标客户，他们需要什么？二是广告。如何让客户第一次进入网站？如何让他们再一次进入网站？三是销售。网站能提供什么产品？如何放置它们并展示给你的客户？四是销售服务。如何回答客户的问题和解决这些问题？五是市场促销。如何促进销售和服务来激励客户的购买？六是事务处理过程。如何处理订单和付费过程？七是执行方式。如何把订单交给执行中心？八是售后服务。如何在售后提供客户服务和回答订单状况？九是市场数据和分析。需要收集什么样的关于销售、客户和广告趋势的信息？如何利用这些信息做决定？十是品牌。在与客户联系的过程中，如何增强客户对公司的印象？要知道一个深刻而又十分浅显的道理，一切网站，包括电子商务网站都是为网民（客户）服务的，所以只有充分了解这一群体的真正需要，才能根据这些需要去做网站。

（四）电子商务网站导航与链接

1. 电子商务网站的导航系统

不管网站的系统多么复杂，都必须让浏览者觉得它既直接又简单。事实上，许多浏览者都是以一种跳跃的方式来访问网站的内容。为了使浏览者不在网站中迷失方向，最好的办法是为网站设计导航系统，应该保证每个网页中至少有一个指向主页的链接。导航的形式一般有全面导航和局部导航两种。

（1）导航策略

一是导航条，实际上是一组链接，它可以告诉浏览者目前所在的位置。使浏览者既快又容易地转向网站的主要网页。一般来说我们应该在网站的每个网页上都显示一个导航条，导航条在帮助浏览者确定自己在网站中的位置有很大的作用。二是网站导航图。目前一种比较流行的做法，通常用于大型网站，即把网站的主要栏目在一个网页中集中体现。建立网站导航图的好处是，在一个大型和复杂的网站上提供快速导航、浏览，使浏览者可以得到关于网站系统的内容和设计的概要，为网站的回头客提供参考点等。但是网站导航图只能作为一种从属的导航方式，而不能作为主要的导航方式。这是因为它只能提供有限的内容，而且很难帮浏览者确定自己的位置。一般来说，可以把希望浏览者看到的网页放在导航图中，而无须把所有内容都在导航图中体现出来。

（2）导航技巧

一是抓住能传达主要信息的字眼作为超链接，这样可以有效控制超链接的字串长度，避免字串过长或过短，而不利于浏览者的阅读或点取。二是如果使用图形导航按钮或图像导航图，那么同时也应该采用文本链接，以保证让浏览者看得更明白。三是要为图形导航按钮提供替换文本，因为有的浏览者为了节省时间有可能会取消图形显示，这时替换文本就显得非常重要了。四是超文本的颜色应该与单纯叙述文本的颜色有所区别。五是不要在短小的网页中提供太多的超链接。适当、有效地使用超链接，是一个优良的导航系统不可或缺的条件之一，但过分滥用超链接，会损害网页文章的流畅性与可读性。六是暂时不提供超链接到尚未完成的网页。

2. 电子商务网站的链接结构

网站的链接结构是指页面之间相互链接的拓扑结构。它建立在目录结构的基础上，但可以跨越目录。形象地说，每个页面是一个固定点，链接则是两个固定点之间的连线。一个点可以和一个点链接。更重要的是，这些点并不是分布在一个平面上的，而是存在于一个立体的空间。研究网站的链接结构的目的在于用最少的链接，使得浏览更有效率。一般建立网站的链接结构有两种基本方式。

（1）树状链接结构（一对一）

树状链接结构类似 DOS 的目录结构，首页链接指向一级页面链接，一级页面链接指向二级页面链接。立体结构看起来像蒲公英。这样的链接结构浏览时，一级级进入，一级级退出。树状结构链接的优点是条理清晰，访问者明确知道自己在什么位置，不会迷路。缺点是浏览效率低，一个栏目下的子页面到另一个栏目下的子页面，必须绕经首页。

（2）星状链接结构（一对多）

这种结构之下每个页面相互之间都建立有链接。这种链接的优点是浏览方便，随时可以到达自己喜欢的页面。缺点是链接太多，容易使浏览者迷路，搞不清自己在什么位置，看了多少内容。

这两种基本结构都只是理想方式，在实际的网站设计中，总是将这两种结构混合起来使用。希望浏览者既可以方便快捷地到达自己需要的页面，又可以清晰地知道自己在什么位置。所以，最好的方法是首页和一级页面之间有星状链接结构，一级页面和二级页面之间有树状链接结构。如果站点内容庞大，分类明细，需要超过三级页面，那么建议在页面里显示导航条，可以帮助浏览者明确自己所处的位置。

随着电子商务的推广，网站竞争越来越激烈，对链接结构设计的要求已经不仅仅局限于可以方便快速浏览，而是更加注重个性化和相关性。例如，一个农产品主题网站里，有一个绿色食品问题在页面上，你需要加入绿色食品的定义、绿色食品的认证程序、绿色食品的管理、绿色食品的生产技术等一系列链接及相关信息，网民可能找到解决问题需要的方法后就离开网站了。如何尽可能留住访问者，是网站设计者未来必须考虑的问题。

二、农村电子商务网站的实现设计

（一）电子商务网站开发的原则

1. 内容为主原则

电子商务网站的内容是吸引顾客的重要因素。电子商务网站归根结底要通过内容来吸引客户。电子商务网站的内容和更新速度都是要考虑的因素。

2. 效率优先原则

电子商务网站的效率也必须受到重视。在众多电子商务网站中，客户往往会选择访问等待时间短的网站，这对电子商务网站的效率提出了要求。高效率的电子商务网站会使客户青睐有加。

3. 可扩展性原则

考虑电子商务网站的可扩展性。在开发电子商务网站时，必须考虑网站规模的大小和将来发展过程中需要升级或改动时可能存在的问题，预测对于网站未来发展可能做出的改动所需付出的代价。尽可能以最小的代价升级网站。要明白一个道理，网站升级会沿袭历史，网站重做会切断历史。

4. 数据安全原则

考虑网站的可用性和可维护性。一个好的网站必须注意控制因故障或者技术维护而造成的问题，保护重要的数据，提高可用性。特别是对于承担重要任务的电子商务网站，任何停机下网都可能会造成巨大的经济损失。一个网站，想做到绝对不停机下网是不可能的，这时就要求网站有较好的可维护性，可以对故障进行尽快的检测、排除和恢复。

（二）电子商务网站开发的流程

1. 域名申请

在选择、设计好网站域名以后，商家为自己的电子商务网站向域名注册机构申请全世界唯一的域名，从而在广阔的互联网世界上占有一席之地。

网站域名就像人的身份证号码一样，既是终身的，也是唯一的，一个网站可能会与另一个网站同名，但其域名是绝对不相同的。

2. 确定主机位置

注册域名以后，必须进一步根据自身情况确定主机的放置方式。通常主机的放置方式可以有虚拟主机、服务器托管、专线上网等几种方式，商家根据自身的情况进行选择。

3. 硬件选择

如果需要商家自己购置硬件时，商家应该根据自身情况购买适合自己的网络设备和服务器主机。

4. 软件选择

与购买的硬件配套，商家也应该根据自身情况购买包含操作系统、服务器程序、安全软件以及开发软件等在内的软件产品。

5. 网站建设和推广

在硬件选择和软件选择之后，要进行网站本身的建设，采用静态页面和动态页面相结合的方式，突出网站的内容特色。网站建立之后，必须采用多种有效的方式对网站进行宣传和推广，比如在搜索引擎上发布或者在重要的门户网站建立友情链接等等。

（三）电子商务网站的域名选择

1. 域名申请的重要性

一是从技术上讲，域名只是互联网中用于解决地址对应问题的一种方法。它可以减轻人们的记忆负担，可以说只是一个技术名词。但是，由于互联网已经成为全世界的互联网，域名也自然成为一个社会科学名词。从社会科学的角度看域名已成为互联网文化的组成部分。从商界看，域名已被誉为“企业的网上商标”。通过域名，商家可以在互联网世界中占有一席之地。二是域名为现代企业 Web 策划中重要的组成部分，和企业的名称一样举足轻重，不容忽视。好的域名与企业形象相互辉映。三是域名和商标一样，一旦别人申请便不可再申请。现实世界中已经出现许多商家的著名商标被别人注册成域名的例子，给商家带来了很大损失。

2. 域名申请的基本流程

一是域名设计。即设计符合自己要求的域名，并且该域名未被别人注册。许多在线域名注册的网站上，都可以扫描当前的域名库，确定某个域名是否已被注册。二是在线注册或者通过代理机构注册域名。通常的过程都是通过填写一些表格确认域名申请单位的详细信息、域名申请的用途等，双方互相确认以后，域名申请者交纳一定的费用即可完成域名申请。国内域名只能由单位注册，而国际域名没有这个限制。

3. 域名设计的各种方法

当前国内的域名虽然令人眼花缭乱，但其设计思路大致可以分为商标型、模仿型、数字型、地域型、拼音型及混合型。一是商标型，就是利用已有的商标名、机构名或者简称来形成自己的域名。特别是一些知名的企业和机构常常采用该方法形成自己的域名。比如中央电视台、联想电脑公司等。二是模仿型，是接线员借鉴国外著名的网站的域名，对之做了细微更改来形成自己的域名。三是数字型，数字型域名也是国内域名设计的一种重要思路，比如著名的 8848.com、3721.com、163.com 等等。四是地域型，是指以国家、地区的名称作为域名，比如著名的中华网 china.com 的域名给其网站带来了很高的知名度。五是拼音型，汉语拼音是中国语言文字的重要财富，在设计域名时，它也成为重要的工具之一。比如人人网 renren.com。六是混合型，是指各种方法兼而有之，字母和拼音、字母和数字等可以混合使用，比如前程无忧就职网站 51job.com。

4. 域名设计的基本原则

一是简洁明了。一个冗长复杂的域名，会加重用户的记忆负担，从而降低对用户的吸引力。而一个简洁明了的域名，用户只访问一次可能就留下深刻的印象。比如著名的网易公司为了抓住用户，就将自己的最初域名改为现在的 163.com，取得了较好的效果。二是对用户有吸引力。在浩瀚的域名海洋里，用户可能对某个域名的访问概率微乎其微。如何让用户对网站感兴趣，域名起着极重要的作用。三是域名要有内涵和商业价值。一个新颖的域名可能会引起用户的初始兴趣，而真正最终抓住用户的域名要有自己的内涵，特别是商务网站，一定要与网站的商业活动真正联系起来。

（四）电子商务网站的实施方案

1. 电子商务网站的主机放置

一是虚拟主机方式。如果企业不想设自己的主机，便可以采用很多网络公司提供的“虚拟”主机的方式。采用这种方式建立主机，主机的位置是在网络服务提供商处。显然，这种方式不仅节省了购买相关软硬件资源的费用，而且无须招聘或培训更多的专业人员，因而开发成本较低，比较适合于中小型企业快速开展网上业务。二是服务器托管方式。企业自行购买、配置、安装 Web 服务器后，托管在某个网络机构，自己远程维护，每年向该网络服务商支付一定数额的费用。用这种方式建立和放置主机，避免了企业自己申请专线的过程。但是自己配置主机服务软硬件，招聘和培训技术人员所花去的费用不菲。三是专线上网。企业自行购买、配置、安装 Web 服务器以后，通过自己申请相应速率的 DDN 线路将服务器连接到互联网上。通过这条专线，企业的服务器就可以被互联网用户访问了。这种方式下，用户在租用 DDN 专线后，可以把自行配置的服务器放置在任何易于维护和管理的位置上。

从价格角度看，这三种方式的成本投入是依次增加的。虚拟主机方式由于不需自己购买软硬件设备和招聘培训人员，在价格上最为经济，每月只需支付几百元的租用费，采取远程登录的方式就可以实现对站点的维护和更改，自己的网站就可以被访问，而且速度与浏览互联网中的其他网站没有太大的区别。而后两种方式，企业都必须购买自己的设备，而且需要专业人员的维护，因此建设成本大大高于虚拟主机的方式。除此之外，服务器托管的费用价格介于虚拟主机和专线入网之间，一般月租几千元，而专线入网的费用每个月要上万元。从易维护和管理角度来看，专线上网方式由于主机位置放在易维护的位置，因此其易维护性也最好。在服务器托管和虚拟主机方式中，主机维护必须通过远程登录来实现，维护性相对较差。

2. 电子商务方案的实施方式

实施电子商务方案，必须考虑一些基本的问题，最主要的就是实施方案时要将网站的长远目标和付出的代价相结合考虑，从而在以下几种电子商务实施方案中进行选择。一是买一个现成的方案。在购买现成的方案时，要选择与自己要求相吻合的方案。购买可以使商家快速地、低价地进入市场。但是，这种方案不适于长远目标。二是在一个基于网络的电子商务方案中租用空间。这种方案可以避免安装和配置的复杂性。但是，难以保证商家需要的视觉效果和特殊要求。三是用不同的组件构建自己的系统。这种方案需要经验、时间和相当高的预算，但建成后可以提高竞争力。

三、农村电子商务网站的安全管理

（一）网站安全的基本名词

访问控制：访问控制是通过一组机制来控制不同级别的主体对受保护的网络资源客体的不同级别的授权访问。

SSL：Secure Socket Layer 的简写，是 Netscape 公司为 TCP/IP 套接字开发的一种加密技术，它是基于通道的加密方法，用于提高应用层协议等的安全性，增强通信应用程序间的保密性和可靠性。

S-HTTP：Secure http 的简写，是 VERIFONE 公司应 commercenet 要求开发的一种问答式交易协议。它是 HTTP 协议的扩展。S-HTTP 是使用 HTTP 的 MIME 网络数据包进行签名、验证和加密。

SET：Secure electronic transaction 的简写，是由 VISA 和 Master Card 两大信用卡公司于 1996 年 2 月联合推出的规范。SET 主要是为了解决用户、商家和银行之间通过信用卡支付的交易而设计的，以保证支付信息的机密、支付过程的完整、商户及持卡人的合法身份，以及可操作性。

VPN：Virtual private network 的缩写，中文译为虚拟专用网。VPN 是利用公共网络基础设施，通过“隧道”技术等手段达到类似私有专网数据安全传输的一种技术。

入侵的审计追踪：审计追踪是通过自动记录一些重要的安全事件来达到检测入侵的重要措施。

入侵检测技术：入侵检测是通过从计算机网络或计算机系统中的若干关键收集点收集信息并对其进行分析，以发现网络或系统中是否有违反安全策略的行为和遭到袭击的迹象。

攻击签名：是入侵检测中所用的一种用特定方式表示已知攻击方式的方法。

入侵陷阱技术：是通过设置诱饵，将入侵者引入圈套，从而捕获入侵者的技术。

基于网络的 IDS：使用原始的网络部分组数据包作为进行攻击分析的数据源的 IDS。

基于主机的 IDS：通过监视系统的日志文件以及其他相关安全文件来发现入侵行为的 IDS。

“诱饵”服务器：在入侵陷阱技术中，用于模仿数据服务器来诱使入侵者上当的服务器。

网络病毒：可以自动通过网络传播的计算机病毒。

电子现金：又称为数字现金，是一种能被客户和商家接受的，在互联网购买商品或服务时使用的一种交易媒介。

系统安全：是指网络系统安全的备份和灾难的恢复。它的目的在于最大限度地降低网络系统的风险，保护网络的重要资源，在系统发生灾难后，能够提供一种便捷、有效的手段来恢复整个网络。

（二）网上交易安全的设置

利用电子商务进行商品交易，人们越来越倾向于网络支付，这是因为网络支付具有方便、快速的优点。但是受经济利益的驱动，在电子商务数据的网络传输过程中信息经常遭到不法之徒的拦截、窃取、篡改、冒用甚至恶意破坏，给电子商务活动带来重大的损失。可以说，网络支付的安全性是影响电子商务使用的主要障碍。

电子商务网站网络支付的安全性包括三个方面。

对于交易双方身份的认证，基于可信的第三方 CA、数据签名和认证协议等技术。因此，电子商务网站中负责交易的服务器必须支持数字证书的管理、查询、申请等功能。

保障交易信息的保密性和完整性，电子商务网站中负责交易的服务器必须支持电子商务安全加密和信息完整性协议。

保证交易双方对交易的不可否认性，电子商务网站中负责交易的服务器必须支持双向的身份认证，通常是利用 CA 的数字证书和数字签名技术来实现交易的不可否认性。

第一项主要是保证交易在真正的交易者之间进行，防止假冒和欺骗；第二项主要是保证交易双方的正常交易，防止交易信息的泄露；第三项主要是防止交易双方事后违约。

四、网站安全技术的应用

（一）访问控制

1. 访问控制的基本原理

访问控制是通过一组机制来控制不同级别的主体对受保护的网络资源客体的不同级别的授权访问。具体的主体可能包括网络用户、用户组、终端、主机或应用程序等对网络资源进行访问的实体。网络资源客体可能包括主机、设备、程序、数据、目录等受访问的实体。访问控制就是要在这些主体和客体之间建立可否访问、如何访问的关系，将绝大多数攻击阻止在到达攻击目标之前。

2. 访问控制的基本功能

一是防止非法主体进入受保护的网络资源；二是允许合法用户进入受保护的网络资源；三是防止合法用户对受保护的网络资源的非授权访问。总之，访问控制的中心内容就是实现对主体身份的认证和识别以及客体对于主体的授权访问两个环节。

3. 访问控制的基本实现策略

一是入网访问控制。入网访问控制为网络访问提供了第一层的访问控制。它控制哪些用户能够登录到网络并获取网络资源，控制准许用户入网的时间和准许他们在哪台计算机入网。通常入网访问控制是通过用户名和用户密码来控制用户的第一层访问。二是网络的权限控制。网络的权限控制是针对网络非法操作所提出的一种安全保护措施。用户和用户组被赋予一定的权限。网络控制用户和用户组可以访问哪些目录、子目录、文件和其他资源。可以指定用户对这些文件、目录、设备能够执行哪些操作。三是目录级安全控制。网络允许控制用户对目录、文件、设备的访问。用户在目录一级指定的权限对所有文件和子目录有效，用户还可进一步指定对目录下的子目录和文件的权限。四是属性安全控制。当用文件、目录和网络设备时，网络系统管理员应给文件、目录等指定访问属性。属性安全控制可以将给定的属性与网络服务器的文件、目录和网络设备联系起来。属性安全在权限安全的基础上提供进一步的安全性。

2. 防火墙应用

（1）防火墙的设计原则

一是防火墙的角色从根本上阐述了机构对安全的看法。互联网防火墙可能会扮演两种截然相反的角色。第一是拒绝没有特别允许的任何访问。这种角色假定防火墙应该阻塞所有的信息，而每一种所期望的服务或应用都是实现在特定应用的基础上的。这个方案建立的是一个非常安全的环境，因为只有审慎选择的服务才被支持。当然这种方案也有缺点，就是不易使用，因为限制了提供给用户们的选择范围。第二是允许没有特别拒绝的任何访问。这种角色假定防火墙应该转发所有的信息，任何可能存在危害的服务都应在特定应用的基础上关掉。这种方案建立的是一个非常灵活的环境，能提供给用户更多服务。缺点是由于将易使用这个特点放在了安全性的前面，网络管理程序处于不断的响应当中，因此，随着网络规模的增大，很难保证网络的安全。二是互联网防火墙并不是独立的，它是机构总体安全策略的一部分。机构总体安全策略定义了安全防御的方方面面。为确保成功，机构必须知道所保护的是什么。安全策略必须建立在精心进行的安全分析、风险评估以及商业需求分析基础之上。如果机构没有详尽的安全策略，无论多么精心设计的防火墙都会被绕过去，从而整个内部网络都暴露在攻击者面前。三是考虑防火墙的经济费用。简单的包过滤防火墙的费用最低，因为机构至少需要一个路由器才能连入互联网，并且包过滤功能包括在标准的路由器配置中。商业的防火墙系统提供了附加的安全功能，而费用相对就要高一些，具体价格要看系统的复杂性和要保护的系统数量。如果一个机构有自己的专业人员，也可以开发、构建自己的防火墙系统，但是仍旧有开发时间和部署防火墙系统等的费用问题。还有，防火墙系统需要管理、一般性的维护、软件升级、安全上的补漏、事故处理等，这些都要产生费用。四是选择特定的组件或构件来完成防火墙系统。在确定了防火墙角色、安全策略、预算问题之后，就能够确定防火墙系统的特定组件。典型的防火墙由一个或多个构件组成。

（2）防火墙产品的选择原则

一是防火墙的管理难易度是防火墙能否达到目的主要考虑的因素之一。若防火墙的管理过于困难，则可能会造成设定上的错误，反而不能达到其功能。一般企业之所以很少用已有的网络设备直接当作防火墙的，原因除了前面提到的包过滤并不能达到完全的控制之外，设定工作困难、要具备完整的知识以及不易出错等管理问题更是一般企业不愿意使用的主要原因。二是防火墙也是网络上的主机之一，也可能存在安全问题。防火墙如果不能确保自身安全，则防火墙的控制功能再强，终究不能完全保护内部网络。

如果防火墙控制机制失效，则一个黑客可能取得防火墙上的控制权，然后几乎可以为所欲为地修改防火墙上的存取规则，进而侵入更多的系统。三是防火墙具有不同级别的安全等级规范。最著名的就是美国国家安全局的国家电脑安全中心颁布的官方标准——橘皮书，其正式名称是“受信任电脑系统评价标准”，它将一个电脑系统可接受的信任程度予以分级，依安全性由高到低划分为A、B、C、D四个等级，这些安全等级不是线性的，而是以指数级上升的。选择防火墙时要注意其安全等级规范指标。四是好的防火墙必须能弥补操作系统的不足。一个好的防火墙必须是建立在操作系统的底层而不是操作系统的上层，所以操作系统的漏洞可能并不会影响到一个好的防火墙系统所提供的安全性。相反，一个好的防火墙系统可以弥补操作系统的不足。五是一个好的防火墙不但本身要有良好的执行效率，还应该提供多平台的执行方式供使用者选择。由于防火墙并非完全由硬件构成，所以软件所提供的功能以及执行效率一定会影响到整体的表现，而使用者的操作意愿及熟悉程度也是必须考虑的重点。毕竟使用者才是完全的控制者，应该选择一套符合现有环境需求的软件，而非为了软件的限制而改变现在的环境。六是一个好的防火墙就必须有一个完善的售后服务作为使用者的安全后盾。由于有新的产品出现，就有人会研究新的破解方法，所以一个好的防火墙提供者就必须有一个庞大的组织作为使用者的安全后盾，也应该有众多的使用者所建立的口碑为防火墙做见证。七是企业安全政策中的一些特殊需求也要作为选择防火墙的一个标准。企业安全政策中往往有些特殊需求不是每一个防火墙都会提供的，这方面常会因此成为选择防火墙的考虑因素之一。

3.VPN应用

（1）VPN的工作原理

VPN是利用公共网络基础设施，通过“隧道”技术等手段达到类似私有专网数据安全传输的一种技术。VPN可以建立在IP、DDN、X、25、PSTN和ATM等网络上，其中基于IPSec的VPN是目前研究和开发的重点。

不论是基于 IP 还是基于其他网络的 VPN，其基本原理都是相似的。以下通过 IPSec VPN 来叙述 VPN 的基本工作原理。

在 IPSec VPN 中，报文传输流程如下：当发送端的明文进入 IP-VPN 设备，首先由访问控制模块决定是否允许其进入公网，若允许进入，应根据设定的安全规则，确定是直接明文进入，还是应该加密进入安全隧道。对于需要加密传递的报文，一般需要进行加密和摘要、签名等认证处理，保证报文的完整性和可鉴别性。然后按进入公用 IP 网的要求，重新对报文进行 IP 封装。最后，经 IP 封装以后的报文通过公网上传至目的端。因为这些包经过加密、认证和再封装，所以数据就像通过一个加密“隧道”而直接送入接收方，其他用户不知道，也不能篡改或伪造仿冒所传递的内容。接收方通过相反的过程对报文进行解密。

从上面的工作原理可知，构建 IPSec VPN 最关键的就是“隧道”技术和安全协议。

（2）VPN 的优点以及发展前景

VPN 综合了传统数据网络的性能优点和共享数据网络结构的优点（简单和低成本），能够提供远程访问，外部网和内部网的连接，价格比专线或者帧中继网络要低得多。而且，VPN 在降低成本的同时满足了对安全性、网络带宽、接入和服务不断增加的需求，因此，可以预测 VPN 必将成为未来企业传输业务的主要工具。

4.Web 应用

（1）Web 的主要安全威胁

一是 Web 服务器的重要信息被泄露。二是 Web 服务器受到有意无意的破坏，严重的会造成信息的丢失甚至服务器的崩溃。三是浏览器端计算机资源被破坏。四是浏览器和 Web 服务器之间的重要会话信息被窃听和伪造。

（2）造成 Web 安全威胁的安全漏洞

一是许多操作系统在设计和实现时具有不少的安全隐患，给入侵者以可乘之机。入侵者利用系统的漏洞可以获得系统的重要数据和信息，甚至可以更改这些重要数据，更严重者可以导致系统瘫痪。二是 Web 服务器的设计也存在不少的安全隐患。入侵者同样可以通过这些漏洞来非法获取系统的重要信息，或者篡改、破坏 Web 服务器。三是服务器端脚本的非法执行也会造成服务器的崩溃和信息泄露。服务器端脚本在编写时就可能存在严重的安全隐患。四是客户端脚本的安全漏洞甚至会造成客户端的安全威胁。

（3）Web 安全的管理办法

一是针对可能的 Web 安全漏洞，做好 Web 安全预防措施，尽量不给入侵者入侵的机会。这需要不断地培养安全意识、学习安全知识、追踪最新的安全报告。二是做好 Web 安全的管理、日志记录工作，便于堵住 Web 安全漏洞并对入侵者进行追踪。

5. 入侵检测

（1）入侵检测的不同分析技术

入侵检测技术通过对入侵行为的过程与特征的研究，使安全系统对入侵事件和入侵过程能做出实时响应，从分析方式上分为两种：一是异常发现技术。建立系统正常行为的轨迹，把所有与正常轨迹不同的系统状态视为可疑企图。对于异常网络与特征的选择是异常发现技术的关键。比如，通过流量统计分析将异常时间的异常网络流量视为可疑。异常发现技术的局限在于并非所有的入侵都表现为异常，而且系统的轨迹难以计算和更新。异常发现技术可以发现未知的攻击。二是模式发现技术。将所有入侵手段表达为一种模式和特征，通过匹配的方法发现入侵。模式发现的关键是如何表达入侵的模式，把真正的入侵与正常行为区分开来。模式发现的优点是误报少，局限是它只能发现已知的攻击，对未知的攻击无能为力。目前，国际顶尖的入侵检测系统 IDS 主要以模式发现技术为主，并结合异常发现技术。

（2）入侵检测的不同实现手段

IDS 一般从实现方式上分为两种：基于主机的 IDS 和基于网络的 IDS。

一个完备的入侵检测系统IDS一定是基于主机和基于网络两种方式兼备的分布式系统。一是基于网络的IDS：使用原始的网络分组数据包作为进行攻击分析的数据源，一般利用一个网络适配器来实现监视和分析所有通过网络进行传输的通信。一旦检测到攻击，IDS应答模块通过通知、报警以及中断连接等方式来对攻击做出反应。二是基于主机的IDS：一般监视Windows NT上的系统、事件、安全日志以及UNIX环境中的syslog文件。一旦发现这些文件发生任何变化，IDS将把新的日志记录与攻击签名对比以验证它们是否匹配。如果匹配的话，检测系统就向管理员发出入侵报警并采取相应的行动。

6. 计算机病毒

（1）计算机病毒的基本特征

计算机病毒本质上是一段程序，判断一段程序是不是计算机病毒必须抓住计算机病毒的几个基本特征。一是传染性。这是病毒的基本特征，是判别一个程序是否为计算机病毒的最重要条件。二是隐蔽性。病毒通常附在正常程序中或磁盘较隐蔽的地方，也有个别的以隐含文件形式出现，目的是不让用户发现它的存在。一般在没有防护措施的情况下，计算机病毒程序取得系统控制权后，可以在很短的时间里传染大量程序。而且受到传染后，计算机系统通常仍能正常运行，用户不会感到任何异常。三是潜伏性。大部分的病毒感染系统之后一般不会马上发作，它可长期隐藏在系统中，只有满足其特定条件时才启动其表现模块，这样它才可进行广泛传播。四是破坏性。任何病毒只要侵入系统，都会对系统及应用程序产生不同程度的影响。轻者会降低计算机工作效率，占用系统资源，重者可导致系统崩溃。

（2）网络病毒的新特点

网络病毒不仅具有单机病毒的一切特征，而且具有自己的新特点：一是破坏性强。网络病毒可能导致网络服务器无法启动，从而导致整个网络瘫痪，造成不可估量的损失。二是传播性强。网络病毒普遍具有较强的机制，一接触就可通过网络扩散与传染。根据有关资料介绍，在网络上病毒传播的速度是单机的几十倍。三是潜伏性和可激发性更强。网络病毒与单机病毒一样，具有潜伏性和可激发性。在一定的环境下受到外界因素刺激，便能活跃起来，这就是病毒的激活。激活的本质是一种条件控制，此条件是多样化的，可以是内部时钟、系统日期和用户名称，也可以是在网络中进行的一次通信。一个病毒程序可以按照病毒设计者的预定要求，在某个服务器或客户机上激活，并向各个网络用户发起攻击。四是针对性强。网络病毒并非一定对网络上所有的计算机都进行感染，有的病毒则专门感染使用 UNIX 操作系统的计算机。五是扩散面广。由于网络病毒通过网络进行传播，所以其扩散面很大，一台 PC 机的病毒可以通过网络感染与之相连的众多机器。由于网络病毒造成网络瘫痪的损失是难以估计的，一旦网络服务器被感染，其解毒所需的时间将是单机的几十倍以上。

（二）网站系统安全重要性

1.IDS 技术的发展趋势

基于网络和基于主机的 IDS 都各有优势，两者相互补充。这两种方式都能发现对方无法检测到的一些入侵行为。

基于网络的 IDS 通过检测所有包的头部来进行检测，而基于主机的 IDS 并不查看包首标。许多基于 IP 的拒绝服务攻击和碎片攻击，只能通过查看它们通过网络传输时的包首标才能识别。基于网络的 IDS 可以研究负载的内容，查找特定攻击中使用的命令或语法，这类攻击可以被实时检查包过滤的 IDS 迅速识别。而基于主机的系统无法看到负载，因此也无法识别嵌入式的负载攻击。

联合使用基于主机和基于网络的这两种方式能够达到更好的检测效果。比如基于主机的 IDS 使用系统日志作为检测依据，因此它们在确定攻击是否取得成功时与基于网络的检测系统相比具有更大的准确性。在这方面，基于主机的 IDS 对基于网络的 IDS 是一个很好的补充，人们完全可以使用基于网络的 IDS 提供早期的报警，而使用基于主机的 IDS 来验证攻击是否取得成功。

在下一代的入侵检测系统中，将把现有的基于网络和基于主机这两种检测技术很好地集成起来，提供集成化的攻击签名、检测、报告和事件关联功能。相信未来集成化的入侵检测产品不仅在功能上更加强大，而且在部署和使用上也更加灵活方便。

2. 网络环境下的病毒防范

在实际应用中，防范网络病毒应从两方面着手。第一，加强网络管理人员的网络安全意识，有效控制和管理本地网与外地网进行的数据交换，同时坚决抵制盗版软件的使用。第二，选择和加载保护计算机网络安全的网络防病毒产品。随着网络技术的不断发展，网络反病毒将成为计算机反病毒技术的重要方面，也是计算机应用领域中需要认真对待的问题，这将成为网络管理人员及用户的长期任务，只有做好了这项工作，才能保证计算机网络长期、安全、稳定地运行。

要有效地在整个网络环境下防病毒应该遵循以下几个原则。一是防重于治。如果网络感染病毒后，再去杀毒，只能起到亡羊补牢的作用。病毒即使不破坏数据和文件，也会减慢网络的运行，浪费时间和资源，这种防范方法必须改变，网络时代应以防为主，以治为辅。杀毒只是一种被动的方式，防毒才是对付计算机病毒积极而又有效的措施，远比等待计算机病毒出现之后再去扫描和清除更能有效地保护计算机。二是防毒不能停。有了防毒的产品网络就安全了吗？不，防病毒是一个“道高一尺，魔高一丈”的动态实时的斗争过程。杀毒软件必须进行不断的升级，不能及时升级的杀毒软件在面对有目的的病毒攻击很可能为用户带来意想不到的麻烦。网络杀毒软件在防杀病毒的同时，在网络上更扮演着拥有无上权限的超级用户的角色，所以它要是得不到必要的维护和升级，便可能引起副作用。三是与网络管理集成形成多层防御体系。网络防病毒最大的优势在于网络的管理功能，如果没有把管理功能加上，很难完成网络防毒的任务。管理与防范相结合，才能保证系统的良好运行。建立新的防毒手段应将病毒检测、多层数据保护和集中式管理功能集成起来，形成多层防御体系。四是网络防毒防治是整个安全体系的一部分。计算机网络安全威胁主要来自计算机病毒、黑客攻击和拒绝服务攻击等方面，因而计算机的安全体系也应从防病毒、防黑客、灾难性恢复等几个方面综合考虑，形成一整套的安全机制，这才是最有效的网络安全手段。

3. 系统安全技术的重要性

电子商务网站的运行不会是一帆风顺的，可能会由于各种各样的原因（软硬件故障、人为失误、外界攻击等），导致网站发生系统崩溃、数据丢失，给电子商务网站的运营造成极大的不便。此时，如何尽快恢复数据，恢复系统的运行是电子商务面临的首要问题。系统安全便是解决此类问题的关键。

系统安全是指网络系统安全的备份和灾难的恢复。它的目的在于最大限度地降低网络系统的风险，保护网络的重要资源，在系统发生灾难后，能够提供一种便捷、有效的手段来恢复整个网络。

网络系统安全备份是指对整个网络系统的重要数据和系统信息进行备份。它不仅能在网络系统软硬件故障或者人为失误的时候起到保护作用，也能在入侵者对网络攻击及破坏数据完整性时起到保护作用，同时亦是系统灾难恢复的前提之一。灾难恢复措施能够保证系统在经历灾难后迅速恢复。

4. 网站建设中安全的重要性

电子商务是互联网爆炸式发展的直接产物，是网络应用技术应用的全新发展方向。互联网本身所具有的开放性、全球性、低成本、高效率的特点，也成为电子商务的内在特征，但同时，互联网本身所具有的开放性也不可避免地带来安全性问题。电子商务网站的安全与否，是决定其成败的关键因素之一。

处于互联网之中的每个网站，都可能会受到来自外部或者内部的各种安全威胁。例如，合法或非法用户对网站的非授权访问，可能造成网站重要信息有意或无意的泄露；用户还可能会非法删除或者修改网站的重要信息；非法入侵可能会干扰系统的正常运行，甚至使系统发生崩溃；入侵者还可以通过网站散布病毒，造成更大规模的破坏。因此，建设电子商务网站必须重视网站本身的安全性。

在进行网络交易时，客户和商家的重要信息可能会被泄露或者被更改伪造。非法分子可以利用这些信息进行违法犯罪活动，给客户和商家造成重大的损失。所以，在建设电子商务网站时，必须重视网络交易的安全性。

五、农村电子商务网站的日常运行

（一）电子商务网站运营的名词

1. 标识广告

在其他网站建立链接大多采用非常醒目、独特的图标方式，通常将这种方法称为标识广告，这些标识广告的图标设计和制作应当非常精致，色彩鲜明，并有经过高度浓缩的广告语句使目标网站的特点一目了然，从而具有强烈的视觉吸引力，诱使浏览者点击进去。

2. 广告自由交换

广告自由交换实际上是一种相互无偿提供广告服务的方式，可以由此来实现不同网站间访问者资源的共享。这也是一种提高网站知名度的有效方式。

3. 网站的硬件升级

网站的硬件升级是指对网站所采用的硬件设备升级换代。其中主要包括对网站所有服务器的处理能力和存储容量进行升级和扩容。另外，对内部网络的升级也是网站的硬件升级的一项重要内容。

4. 网站的软件升级

网站的软件升级包括网站的系统软件和支撑软件进行升级、网站结构的调整和升级、网站应用软件的升级等几方面。

5. 网站的用户界面升级

网站的用户界面升级主要是针对网站用户界面进行改造。这种升级针对用户界面中出现的各种问题加以调整和解决，使用户界面使用起来更方便、更友好。

6. 网站的全面升级

网站的全面升级主要是指对网站的整体进行升级，它不仅包括后台的升级，也包括了用户界面的升级，将对网站的整体形象、风格和处理能力做出较大的调整，大幅度地提高网站的性能。

（二）电子商务网站与搜索引擎

1. 电子商务网站关键字选择

在把农业网站登录到搜索引擎之前，挑选恰当的关键字对于提高站点在关键字搜索时的命时率起着非常关键的作用。在选择关键字时应本着以下几个角度：一是从检索者的角度出发来设想他究竟会采用什么样的关键字来进行搜索；二是关键字必须是与农业网站主题和内容密切相关的，通常是农业领域中通用的词汇；三是对于人们的一些习惯性用语应当考虑到，不仅要考虑到专业性、准确性，也要兼顾通用性；四是对于表达相同或相近意思的同义词或近义词也应考虑，数量越多越全越好。总之，要尽量接近检索者的选择范围；五是要同时准备中文和英文两套关键字。在选择关键字时也可以采用如下的方法。首先，可以借鉴农业类其他网站的选择，看它们使用的关键字，这样会对思考有一定的启发，归纳形成自己的关键字表。其次设法了解人们最常用的关键字，从中来加以选择。结合这两种方法，加上自己的认真考虑，就能得出一个比较完备的关键字库了。

2. 搜索引擎的一般运作方式

一类被称为目录式服务，著名的雅虎就是采用这样的运作方式。它的后台是一个关于各种网站分类的大型数据库，在新网站加入数据库之前，先要通过人工审查，然后再通过管理界面手工加入库中。另一类搜索引擎的后台除了数据库，还要有所谓的“蜘蛛”系统，即能够从互联网上自动收集网页的数据搜集系统。蜘蛛将搜集所得的网页标题、描述和关键字等内容交给索引和检索系统处理，最终形成搜索引擎的检索结果。

3. 提高网站在搜索引擎中排名的技巧

一是选好关键字。这是最重要的一点；二是将定义关键字的 META 标记项放在定义描述的META标记项之前；三是将最常用的关键字放在最前面，并让相关的关键字相邻；英文关键字的全小写与首字母大写并存，因为有的搜索引擎对字符的大小写敏感；四是首页尽量避免使用FRAME结构，因为对FRAME结构，有些搜索引擎不能智能地选择正确的页面进行标引。总之，要改善农业网站的排名，最根本的还是要自身多做文章，把农业网站办出特色，势必能在任何一种搜索引擎中脱颖而出。

（三）电子商务网站的宣传推广

建设好一个电子商务网站之后，必须大力进行网站的宣传和推广工作，尽可能地提高网站的知名度。这对于电子商务网站而言是极其重要的。人们常说互联网经济是注意力经济、“眼球经济”，谁的网站吸引更多的注意力、更多的眼球，谁就在新经济中占据有利地位。要想在互联网上开展电子商务，最重要的是能够吸引大量的用户参与，例如在网上开设一个商场，来访者寥寥无几，就如同商场没有顾客临门，那就无法进行所谓的电子商务活动。从某种意义上讲，电子商务网站的知名度是否高、人气是否旺，将在很大程度上决定它的兴衰存亡。

1.门户网站链接

很多网民都习惯首先访问自己喜欢的门户站点，这类门户站点的访问量一般很大，在这些门户网站上建立自己的链接，通常可以吸引较多的访问者。因此，这也是一种扩大网站影响和进行自身宣传的方式。一是它的访问量很大，是比较受欢迎的站点，当然，在这样的网站建立链接的代价也是比较高昂的。二是在该网站的访问人群中，属于网站服务对象的比例较高。这一点需要重视，否则大多数人对链接视而不见，毫无兴趣，那么花费巨资在这样的网站上建立链接就没有多少实际意义了。一般来讲，在较受欢迎的搜索引擎网站上建立链接的效果比较好。最好选择在首页，因为这一页的访问者最多。不过，在农业网站所属主题的页面建立链接则更经济实用，因为访问这些页面的人通常也正是农业网站想吸引的对象，链接被点击的概率要比首页大得多。

2. 网站标识广告设计

这种标识广告图标设计的成功与否往往决定了农业网站的点击率，必须认真和精心地加以准备。要设计一个好的标志广告，通常要注意以下几点：一是要使用具有震撼力的词汇，广告词简洁、明了；二是广告图标的色彩、动画等的设计要与文字相协调；三是图像文件的大小要控制，通常要把文件的大小控制在几千字节的范围内，在能实现所要求的表现力的前提下越小越好。

3. 举办各种相关竞赛

要在互联网的茫茫海洋中“出人头地”是相当困难的，开展抽奖、竞猜等市场运作活动也是一种非常重要的推广手段。无论是直播在线竞赛还是通过传统媒体进行竞赛，都必须注意如下的一些事项。一是明确目标。首先是明确市场运作的目标，即通过这些市场运作所要达到的目的，是提高网站的访问量还是征集对某种产品甚至网站本身的反馈意见。同时也要明确市场运作的目标参与群体，做到有的放矢。二是所设立的奖品要与所确定的目标参与群体的喜好相一致。三是确定活动的规则和实施办法。活动的组织工作一定要做好，要事先制定明确的规则和细致周密的实施办法。四是利用活动开展自己网站的宣传推广。要抓住一切可能的环节和机会向参与者及社会公众宣传自己，突出自己的形象。另外，通过在农业网站上设立有奖竞赛等方式，收集参与者的年龄、行业、需求偏好、光顾本网站的频率等信息，对它们进行分析处理就可以得到访问者的统计资料，这些将是一笔非常宝贵的财富，可以供调整网站设计和内容更新时使用。

4. 加入广告自由交换网

现在出现了一种被称为“广告自由交换网”的广告交流形式，这是一种相互无偿提供广告服务的一种方式，对于迅速提高网站知名度效果很好，而且成本极低，同时有利于农业网站访问者资源共享。

5. 加入相关的新闻组或电子公告板

新闻组和电子公告板都是网民们在网上进行信息、知识、情感等交流的场所，而且都有非常明确的兴趣群体的划分，在这样的场合利用适当的方式来介绍和宣传自己的农业网站，或者利用自己的网友资源来吸引和号召更多的网民访问，是相当有效的。

6. 利用传统的方式推广

网络虽然是一种新兴的媒体，但也不能将它同传统传相对立起来，因此利用传统的媒体同样是一种十分有效的方法。例如，通过报纸、杂志等的宣传，做电视广告，在各种公众场合竖立农业网站的广告牌以及各种公交车辆上的广告标志等等，都是很好的宣传推广方式。

除此之外，通过员工的口头宣传，首先影响员工的家人、朋友，然后不断扩展。这种推广方式的作用有时也是不可低估的。

（四）电子商务网站维护与升级

1. 网站维护

农业网站维护的必要性。农业网站的维护工作是农业网站投入运营后必须面临的长期任务，这项工作对于保证农业网站可靠、高效运营具有非常重要的意义。对农业网站进行维护的必要性具体体现在如下几方面：一是由于硬件设备故障、软件出错等原因，任何建好的网站都可能会出现这样或那样的错误从而导致不能被正常访问，这就需要进行网站的日常维护。另外，无论多精彩的农业网站，如果长期不更新，总是一副老面孔，就会令浏览者望而生“厌”。只有不断更新和丰富网站的内容，才能为农业网站增添活力和吸引力。尤其对于农村电子商务网站来讲，随时保持高可用性和可浏览性，这是至关重要的。二是对农业网站进行定期维护能够帮助提早发现和解决问题，使这些问题被扼杀在萌芽阶段而不致造成严重的危害。三是对农业网站进行定期维护还能够帮助网站管理与维护人员将工作量分散，不必在短时间内集中处理大量的事情，从而大大降低了工作的强度和压力。四是对农业网站进行定期维护还能方便以后必须进行的升级工作。

维护工作在保证农业网站长期、稳定而且高质高效地运行方面起着非常关键的作用。在农业网站的维护中，主要需要注意如下的问题：一是维护农业网站的基本结构和既定风格。在精心设计的农业网站上，各个页面都是按照一定的结构设计有机地组织起来的。因此，在需要增添或删除某些页面时必须全盘考虑，不能破坏整体的良好结构。二是保持农业网站内容的时效性。对于农业网站内容，尤其是那些时效性强、变化快的内容，必须做到定期更新，保证用户看到的内容都是及时、有效的。三是检查并保证链接的有效性。维护链接的有效性是检验农业网站管理是否严谨的一个很重要的尺度，必须加以重视，定期进行检查，保证质量。四是随时监控服务器的运行情况。农业网站上直接与用户打交道的是各种服务器，它们的运行情况关系农业网站提供服务质量的好坏，因此必须随时监控，尽早发现问题，并将问题解决在萌芽阶段。五是重视用户的意见反馈。

2. 网站升级

（1）农业网站升级时机

当农业网站的服务功能和运营效率满足不了需求时，就需要对农业网站进行升级。可以通过下述的方法来确定农业网站升级的时机：一是通过一些外部征兆来判断应当在什么时机进行农业网站的升级工作。应当不断关注竞争对手的情况，注意他们发生的变化，当竞争对手的网站进行了大规模的改进或升级以至于可能对自身网站产生较大的威胁时，就应该仔细考虑升级的问题。二是促使考虑对农业网站进行升级的更多是因为一些农业网站自身内部的因素，包括第一，当集聚了大量的新内容，而且容纳这些新内容需要对农业网站的结构进行调整，也就是说无法在不改变原有的农业网站结构的情况下将这些重要的内容吸纳入网站之中时；第二，当出现了能大大丰富网站的服务内容，提高农业网站的服务质量的新的技术手段或方式，采纳这样的技术或方式，将会大大增加农业网站的竞争力时；第三，当软硬件设备升级换代，而农业网站现有的软硬件已经严重老化或已经无法承受日益增长的业务量的需求时。

（2）农业网站升级内容

网站的硬件升级是指对网站所采用的硬件设备加以升级换代。其中主要包括对网站所用的各种服务器的处理能力和存储容量进行升级和扩容。另外，对内部网络的升级也是一项重要内容。农业网站的软件升级包括了几方面的内容：网站系统软件和支撑软件的升级、网站结构的调整和升级、网站应用软件的改进和升级。

（3）农业网站升级形式

网站的升级有后台升级、用户界面升级以及全面升级等形式。一是后台升级。这种升级能够显著提高网站后台文件、数据和代码的运行效率，它的目的在于大大提高后台服务器的处理能力和效率，使农业网站运行更加流畅，各种任务完成得更加迅捷。二是用户界面升级。这种升级主要是针对用户界面进行改造，针对用户界面出现的各种问题加以调整和解决，使用户界面使用起来更方便、更友好。三是全面升级。这种升级是指对农业网站的整体进行升级，它不仅包括后台的升级，也包括对用户界面的升级，将对农业网站的整体形象、风格和处理能力做较大的调整，大幅度地提高网站的性能。

（4）农业网站的软件升级

一是农业网站系统软件和支撑软件的升级。这包括对农业网站的操作系统平台、数据管理软件、Web 服务器软件等系统软件的升级换代。这些软件大多是通过购买得到的，因此要密切保持同采购厂商或其代理商的联系，及时更新到其最新的版本或者得到对原有系统的改进，切实保证网站运行平台的先进性和稳定性。二是网上结构的调整和升级。这包括对农业网站各项内容和服务的组织框架与结构形式的调整和升级，这一部分内容大多是自主进行开发或者进行委托开发完成的，因此具有较大程度的自主可控的特性，要在充分利用原有架构的基础上，根据新的内容的需要对结构加以调整和创新。在进行调整和创新的过程中，要充分注意保持农业网站既有风格的连续性。三是网上应用软件的改进和升级。具体对于农村电子商务网站而言，实际上是对应用软件的改进和升级。这一部分可能是自主组织开发完成的，也有可能是通过订制购买完成的，因此要根据不同的情况进行处理。对于自主开发的部分，可以针对实际过程中发现的问题对症下药地加以改进，增添或者删除部分功能模块。而对于订制购买的部分，则要通过同采购厂商的密切合作，对现有版本采取改良或者完全升级等不同的策略。这一部分的升级要密切关注市场上的各种动态，以及用户的各种需求走向，把这些特点反映成具体的需求并融入应用软件的开发之中。

第二节 农村电子商务网上开店

一、网上开店的概述

（一）网上开店的概念

网店，顾名思义就是网上开的商店。网店是相对于实体店来说的一种电子商务形式，卖家通过网络展示和宣传其产品或者服务，并把产品或者服务卖给消费者（购买者）的经营方式，这样的商务活动就叫作网上开店。网上开店是一种能够让人们在浏览的同时进行实际购买，并且通过各种支付手段进行支付完成交易全过程的行为。网上开店是一种在互联网时代的背景下诞生的新销售方式，区别于网下的传统商业模式，与大规模的网上商城及零星的个人物品网上拍卖相比，网上开店投入不高、经营方式灵活，可以为经营者提供不错的利润空间，成为许多人的创业途径。

（二）网上开店的优势

1. 开店成本极低

网上开店与网下开店相比综合成本较低。许多大型购物网站提供租金极低的网店，有的甚至免费提供，只是收取少量商品上架费与交易费；网店可以根据顾客的订单再去进货，不会因为积货占用大量资金；网店经营主要是通过网络进行，基本不需要水、电等管理费方面的支出；网店不需要专人时时看守，节省了人力方面的投资。

2. 经营方式灵活

网店的经营是借助互联网进行经营的，经营者可以全职经营，也可以兼职经营，网店不需要专人时时看守，营业时间也比较灵活，只要及时回复浏览者的咨询就可以不影响经营。网上开店不需要网下开店那样必须要经过严格的注册登记手续，网店在商品销售之前甚至可以不需要存货或者只需要少量存货，因此可以随时转换经营其他商品，可以进退自如，没有包袱。

网上开店基本不受营业时间、营业地点、营业面积这些传统因素的限制。网上开店，只要服务器不出问题，可以一天 24 小时、一年 365 天不停地运作，无论刮风下雨，无论白天晚上，无须专人值班看店，都可照常营业，消费者可以在任何时间登录网站进行购物。

网上开店基本不受经营地点的限制，网店的流量来自网上，因此即使网店的经营者在一个小胡同里也不会影响到网店的经营。网店的商品数量也不会像网下商店那样，生意大小常常被店面面积限制，只要经营者愿意，网店可以摆上成千上万种商品。

3. 网店的消费者范围是极广泛的

网店开在互联网上，只要是上网的人群都有可能成为商品的浏览者与购买者，这个范围可以是全国的网民，甚至全球的网民。只要网店的商品有特色、宣传得当、价格合理、经营得法，网店每天将会有不错的访问流量，大大增加销售机会，取得良好的销售收入。

（三）网上开店的风险

网上开店虽然有许多的优势，但是作为一种需要投入资金与精力的贸易行为，网上开店也存在着一定的风险。目前，我国的网上购物与网上销售市场还处于起步阶段，如果经营的产品不对路，价位不合理，没有良好的销售信用，解决不好支付与送货环节的问题，网上开店很可能出现销售打不开的局面，无法从网上开店中获利，反而要赔上时间、精力与投入。

人们一哄而上开网店，并不是每一个开店的人都可以赚到钱，许多开店者往往是亏损的，在开店前一定要对经营的风险有足够的认识。

（四）网店与商店比较

1. 资金方面

网上开店：开办手续网上注册（个性设计）、商品信息上传、网店租金、网店交易费用、网上广告宣传费用、商品采购成本。传统商店：租店面、工商注册、装修、进货、专人驻店成本支出、商品采购成本、库存仓租费、库存商品资金占用利息、营业员工资、商场场地租赁费、税金。

2. 营业地点选择

网上开店：一个合适的购物网站即可营业。传统商店：地点的选择与客流量、投入资金有紧密关系，营业面积、店面的大小与实际的销售额没有对应关系，面积增大需要大幅增加资金投入。

3. 营业范围

网上开店：全世界任何有网络的地方，没有地域限制。传统商店：就近的一些消费者，明显受地域限制。

4. 营业时间

网上开店：24 小时全天候接受订单。传统商店：正常的工作时间内。

二、网上开店的程序

（一）网上开店基本流程

1. 网上开店构想

网上开店开始并不在网上，而是在脑子里。需要想好自己要开一家什么样的店。在这点上，开网店与传统的店铺没有区别，寻找好的市场和项目。自己的商品有竞争力才是成功的基石。

2. 选择开店平台或者网站

需要选择一个提供个人店铺平台的网站，注册为用户，这一步很重要。大多数网站会要求用真实姓名和身份证等有效证件进行注册。在选择网站的时候，人气旺盛和是否收费以及收费情况等都是很重要的指标。现在很多平台提供免费开店服务，这一点可以省下不少费用。

3. 向网站申请开设店铺

要详细填写自己店铺所提供商品的分类，例如网店出售农产品，那么应该归类在“种植业农产品、养殖业水产品、畜牧业畜产品”中的“种植业农产品”一类，以便让目标用户可以准确地找到。然后需要为自己的店铺起个醒目的名字，网民在列表中点击哪个店铺，更多取决于名字是否吸引人。有的网店显示个人资料，应该真实填写，以增加信任度。

4. 进货

可以从熟悉的渠道和平台进货，控制成本和低价进货是关键。

5. 登录产品

需要把每件商品的名称、产地、所在地、性质、外观、数量、价格、交易方式、交易时限等信息填写在网站上，最好搭配商品的图片。

6. 营销推广

为了提升自己店铺的人气，在开店初期，应适当地进行营销推广，但只限于在网络上是不够的，要线上线下多种渠道一起推广。例如购买流量大的网页上“热门商品推荐”的位置，将商品分类列表上的商品名称加粗、增加图片以吸引眼球。也可以利用不花钱的广告，比如与其他店铺和网站交换链接。

7. 售中服务

顾客在决定是否购买的时候，很可能需要很多网店没有提供的信息，他们随时会在网上提出，网店应及时并耐心地回复。但是需要注意，很多网站为了防止卖家私下交易以逃避交易费用，会禁止买卖双方在网上提供任何个人的联系方式，例如邮箱、电话等，否则将予以处罚。

8. 交易

成交后，网站会告知双方的联系方式，根据约定的方式进行交易，可以选择见面交易，也可以通过汇款、邮寄的方式交易，不管哪种方式都应尽快，以免对方怀疑店家的信用。是否提供其他售后服务，也根据双方的事先约定而定。

9. 评价或投诉

信用是网上交易中很重要的因素，为了共同建设信用环境，如果交易满意，最好给予对方好评，并且通过良好的服务获取对方的好评。如果交易失败，应给予差评，或者向网站投诉，以减少损失，并警示他人。如果对方投诉，应尽快处理，以免给自己的信用留下污点。

10. 售后服务

完善周到的售后服务是生意保持经久不衰的非常重要的筹码，与不同的客户保持联系，做好客户管理工作。

（二）网上商店必备内容

网店名称：它就像是注册商标，整个网络世界它是唯一的。一个与农业相关的网店名称可以使顾客更容易记住该网店。

网店地点：网店地点也就是开设网店的网络服务器地址，高速的网络链接，就像是把商店开设在闹市黄金地段，可以使顾客快速容易地抵达，这对客户的影响是十分关键的。

网店装修：网站的设计对用户来讲自然非常重要，精彩的网页就像一流装修的商场，能够吸引顾客，使顾客产生兴趣。

货物摆放：在网上商店中，其反映在如何建立商品的目录结构，提供何种网站导航和搜索功能，以使得用户可以快速、便利地寻找到他需要的商品和相关信息。

购物车：方便灵巧的购物车可以使顾客感觉受到良好的服务，它是连接商品和付款台的关键环节。

货币结算：支付系统是网络交易的重要环节。在美国和欧洲，信用卡已经成为最普遍的电子交易方式。通过提供必要的个人信用卡资料，商店就可以通过银行计算机网络与顾客进行结算。这也是建立网络商店的必要条件。而且货币结算的安全可靠，不但关系到顾客的切身利益，同时直接关系到商业经营的安全可靠。

商品盘点更新：对网络商店的日常维护，例如去除销售完的商品、摆上新货等等，是必须经常进行的工作。

库存商品管理：后勤保证是任何商务运作的基础。无论网络商店还是真实商店，货物和货币都是一样真实的，对库存货物的存储和管理也是一样真实的。

商品最终送达用户：网上购物实际上是邮购。最后一个步骤自然是通过邮政或其他系统将货物快速可靠地送达到用户手中。

售后服务：不言而喻，这同样是现代商品销售的重要环节。而网络技术可以为用户提供24小时不间断的服务，这也是网络商店的优势之一。通常网络商店还要提供30天的退、换货承诺。

（三）网上开店主要步骤

1. 收集信息

在开店之前首先要做的是准备工作，信息收集对于一个网商来说是十分重要的，只要是和网店有关的都是要了解的对象，包括淘宝的发布商品规则、支付宝使用规则、论坛规则、社区规则、促销活动规则等。

2. 寻找货源

在了解所有有关网店的细则之后要做的就是寻找货源。一个成功的网商必定有自己的长期供应商。而成功的关键因素就是要找一个好的货源，质量、款式、价格都必须有自己独特的优势所在。这样才会在众多的竞争者中占有一席之地。新手开网店，没有基础、没有经验，需要慢慢摸索，当然任何事业都不是一帆风顺的，凡事都是在困难与挫折中成长的，问题与机遇并存。千万不可以在货源上掉以轻心，建议新手先尝试在阿里巴巴找货源，供货商不要找太多家。当然，农产品货源的寻找有其特殊要求，一定要寻找信誉度高的农业企业。

3. 商品发布

货物收到之后，就要准备把商品放到网上店铺中发布了，通过数码相机为货物拍照，并配以简短的文字说明。实物图片一定要经过处理才能发到网店店铺上，图片处理一般使用 Photoshop 处理器。

4. 图片上架

图片准备好之后就可以上架了。编辑商品的时候有些新手不知道有效期有何作用。有 7 天和 14 天两种选择模式，淘宝是把时间快要到期的宝贝放到最前页，选择 14 天的话，商品曝光次数是 14 天一次。而选择 7 天的话可以多曝光一次。这样浏览量和成交量的概率就多了 1 倍。因此，最好选择 7 天有效期的模式。

5. 物流选择

选择一个好的物流公司也很关键，这样会减少因为物流延期或物品破损而产生的纠纷。在发货时应该注意以下几点：一是出货之前一定要仔细地检查每一件商品，特别是带电池或电子类的商品是检查重点。二是如果有些商品图片和实物因为色差而出现不符的话应该在发货之前与买家说明。三是如果数量不足或稍带瑕疵的商品也尽量和买家说明，以免产生不必要的麻烦。

6. 宣传促销

许多新手都在开始的时候面临着信用危机，所以一定要把握一切机会进行宣传，做广告、多逛社区、多写帖回帖、参加活动，加入旺铺、直通车、支付宝社区、支付宝活动、支付宝促销等等。

7. 支付宝管理

支付宝管理就等于资金管理。一般可使用 3 个账户，一个管理销售资金、一个管理进货资金、一个管理开支成本资金。这样做便于对自己的生意更好地去管理，特别是对销售情况的好坏做到一目了然。

8. 慎防网骗

防骗意识要时刻牢记。社会上形形色色的骗子无奇不有，行骗方式不断翻新，人们防不胜防。但只要记住一点：不要贪小便宜。不要以为天上真的会掉馅饼，俗话说世界上没有免费的午餐。切记！不管对方以什么样的借口，到最后都会要求把账号密码透露给他。只要是对方谈到了这一点，请一定要提高警觉。

9. 售后管理

不管每一笔订单的利润是多少，始终要把服务做到让买家感觉满意为止，这一点是至关重要的。不管和买家发生什么不愉快的事情，都要认识到这一点，甚至可以用一句话来形容：卖产品，更是在卖服务。谁的服务到位，谁的成功概率就大。

10. 诚信管理

诚信是任何行业买卖存在的一大坚固基石，也是人们所有活动最重要的基础，网店更是如此。所以必须要创造一个以诚信为本的网上购物环境，面对每一个客户都必须真诚以待。

（四）网上开店交易流程

买家对产品感兴趣，然后和卖家进行咨询及交易；买家在卖家的网店里将货物拍下，系统会自动发一个消息给卖家。

如果需要修改价格，这时卖家先不要让买家付款给支付宝，而是卖家先去自己的交易管理处进行修改价格，改成与买家协商好的价格；然后通知买家，让其付款给支付宝；如果不需要修改价格的，可以直接让买家付款给支付宝。

买家付款给支付宝后，卖家就可以在“我的淘宝”页面看到淘宝的提示，说你有一项交易等待发货，这里你可以点击进去（可以在交易管理里进行），选择发货，把发货的详细情况如实地填写下来。

接下来就是等买家收货了，当买家收到货，查验无误后，买家就可以去淘宝网上进行收货确认（注意，买家必须收到货后才能收货确认，没收到货之前一律不进行收货确认）。然后通知支付宝把款项付到卖家的支付宝账号，这时卖家才可以收到货款，完成此宗交易。

完成了交易之后，不要忘了双方互评，只有双方互评了才可以给双方的信誉度加分。

三、网上开店的方法

（一）网上商店的建设

1. 怎么建立网上商店

现代电子商务技术已经集中于网络商店的建立和运作。网络商店和真实商店在部门结构与功能上没有区别，不同点在于其实现这些功能和结构的方法以及商务运作的方式。网络商店从前台看是一种特殊的 Web 服务器。现代 Web 网站的多媒体支持和良好的交互性功能成为建立这种虚拟商店的基础，使得顾客可以像在真实的超级市场一样推着购物车挑选商品，并最后在付款台结账。这也就构成网上商店软件的三大支柱：商品目录、顾客购物车和付款台。好的商品目录可以使顾客通过最简单的方式找到其需要的商品，并可以通过文字说明、图像显示、客户评论等充分了解产品的各种信息；商品购物车则衔接商店和个人，客户既可以把他喜欢的商品一个个放到购物车里，也可以从购物车中取出，直到最后付款；付款台是网络交易的最终环节，也是最关键的环节。顾客运用某种电子货币和商店进行交易必须对顾客和商店都是安全可靠的。

网络交易通常是一种“先交钱后拿货”的购物方式。对客户而言，其方便处在于购买的商品会直接投递到自己家里，而难以放心的是在商品到达客户手中之前，客户并不能确认送到自己手中的会是什么。因此网络商店的信誉和服务质量好坏实际上是电子商务成功与否的关键。

2. 建立独立网店的条件和好处

（1）建立独立网店的条件

一是申请一个自己满意的域名作为网店的访问地址，国际域名申请费用一年大约几十元人民币，投资很小；二是需要有一个支持动态页面和数据库的虚拟主机，一般普通的网店访问量不是很大，不需要购置独立服务器，这样采购简单同时管理也方便，最主要的是还节约很多成本，一个满足要求的虚拟主机年费用基本在500元左右，投资也不大；三是选择一个合适的网店系统，目前比较流行的网店源代码主要有ASP平台——eashop通用网上商店系统和PHP平台——shopex、ecshop等网上商店系统。

（2）使用独立网店的好处

一是拥有自己的独立网店，可以拥有自己的独立域名、店标、品牌、页面外观、支付接口、购物车。这一切将能体现自己的形象和实力，增强客户的信任感。二是拥有自己的独立网店，数据库、订单资料、客户资料、商品资料都是独立的，不必放在他人平台上。三是拥有自己的独立网店，宣传的将是自己的域名。四是拥有自己的独立网店，则客户就是自己的。在平台上开店，客户是和竞争对手共享的。一不留神，辛辛苦苦发展的客户就成为竞争对手的了。五是企业更需要开设自己独立的网店，这一切将体现企业形象。

（二）网上商店的装修

1. 网店装修的概念

一般网站会提供你几个整体店铺风格选择（比如在淘宝平台的“我的淘宝”—“管理我的店铺”—“店铺风格”选择），不过要想让自己的店铺跟别人的不一样，可以在店铺里的店标、公告、分类、商品页面等放上自己设计或喜欢的图片或文字，好比给店铺穿上漂亮的衣服。把这些图通常称为模板，但一般这些图片都要上传到网上空间或相册，得到图片网址，再加上特定的代码才能显示在店铺里。对于淘宝店铺首页的装修，有普通店铺和旺铺之分，普通店铺主要针对网店公告栏、店铺介绍和分类栏进行装修，旺铺有店招、促销、分类、描述。

2. 网店装修的作用

网店商品非常重要，但是绝对不能够忽视网店装修。网店的页面就像是附着了店主灵魂的销售员，网店的美化如同实体店的装修一样，让买家从视觉上和心理上感觉到店主对店铺的用心，并且能够最大限度地提升店铺的形象，有利于网店品牌的形成，提高浏览量。

增加顾客在网店停留时间，漂亮恰当的网店装修，给顾客带来美的享受，顾客浏览网页时不易疲劳，自然顾客会细心察看网页。好的商品在诱人的装饰品的衬托下，会使人更加不愿意拒绝，有利于促进商品成交。

3. 网店装修应注意的问题

一是店标、公告、分类等都有一定的尺寸（像素）和格式（如 gif）要求，再加上特定的代码（每个位置的代码都不同），才能放到店铺里。二是音乐。网店里该不该放音乐已经是个讨论已久的问题了，如果要放，有几点必须要注意：声音不能太大；音乐类型要根据店里所出售的东西来确定；尽量选择轻柔的音乐比较好，除非卖的是很有特色的物品。三是分类。据说用不同字体可以增加搜索量，当然用字体还是模板要看个人偏好。四是漂亮恰当的网店装修有利于提升店铺的形象，但过于复杂繁乱就可能喧宾夺主。

（三）网上开店的方式

在专业的大型网站上注册会员，开设个人的网店。像易趣、淘宝、易购、一拍等许多大型专业网站都向个人提供网上开店服务，只要支付少量的相关费用（网店租金、商品登录费、网上广告费、商品交易费等），就可以拥有个人的网店，进行网上销售。

这种方式的网上开店相当于在一些大的商场里租用一个店铺或柜台，借助大商场的影响与人气做生意，目前所看到的网上开店基本都是采用这种方式。

自立门户型的网上开店。经营者自己亲自动手或者委托他人进行网店的设计，网店的经营与大型的购物类网站没有关系，完全依靠经营者个人的宣传吸引浏览者。自立门户型的网店的建设方式有两种：一是完全根据商品销售的需要进行个性化设计，需要进行注册域名、租用空间、网页设计、程序开发等一系列工作，个性化较好，费用较高；二是向一些网络公司购买自助式网站模块，操作简单，费用较低，但是缺乏个性化。

自立门户型的网店建设费用较高，同时还需要投入足够的时间与金钱进行网站宣传，优点是网店内容不需要像第一种类型那样受到固定格式的限制，也不必交纳诸如商品交易费之类的费用。这一类网店相当路边的小店，如何吸引浏览者进入自己的网店，完全依靠经营者自己的推广。

前两种方式的结合，既在大型网站上开设网店，又有独立的商品销售网站。这种方式将前两者的优点集合，不足之处是投入会相对较高。

许多线下的商店经营者认识到网络的作用，开始通过线上销售商品，而一些线上开店取得不错收益的经营者也会考虑在线下开一个实体店，两者相结合，销售效果相当不错。

四、网上开店的技巧

（一）个人网店的经营

1. 进货渠道

如何找到一个好的进货渠道是非常重要的，否则就失去了价格竞争的优势。网上商店是最容易“对比”的，大多数购买者要在网上做一番价格比较才能决定是否购买。当然不是要求价格最低，最低的价格不见得就是购买率最高的商品，价格太低或最低，购买者反而认为商品质量可能有问题。确定进货渠道，一是就近寻找供应商，节省运输成本；二是寻找竞争力高的商品，太普通和太泛滥的商品没有吸引力。阿里巴巴、慧聪、万国都是不错的 B2B 网站，可以从中检索到大量的供应商信息，此外网络商机站专门收集各类信息，国内中文 B2B 网站收集文档在网络商机站论坛可免费下载。如果能掌握更多的查找供应商的渠道，那么无疑就能从同类商品中脱颖而出。

2. 网店信用

网店的信用值在淘宝、易趣是相当重要的。顾客在购买商品的时候，这个信誉值绝对是一个重要的参考依据。但是这个不是短时间内能做到的，需要一个长期的努力过程。

3. 网店广告

不能总是等人上门，守株待兔是不行的。在开网店初期可以不用去购买付费的广告。一是论坛广告。在和网店销售商品相关的论坛，认认真真为网友解决问题，不时为大家推荐商品。这个办法是最好的广告，但是切忌在论坛直接发广告帖子。只有认真为网民解决问题才能得到大家的认可和信任。二是文章广告。商品使用心得、商品比较之类的文章多写，写自己的使用心得和大家分享，文章内不失时机地为自己的商品说说好话，一定能为网店带来销量。三是个人博客。给网店建个博客，把自己的文章、商品信息归类、建档。虽然这个效果不如前两个有效，但是也有不少收获。

4. 独立网店

当网店做出业绩后，自己可以开一个独立的网店，目前开源的网上商店源代码可以免费下载使用，也不需要付费。虚拟主机的价格也很便宜。建设一个独立的网店成本已经很低了。独立网店的好处有：一是可以更好地推广自己的网店品牌，推广起来更加有效。二是可以添加商品的数量、设计商品展示方式、提高网页美观程度，网店的所有特点都可以按照自己的意愿来做。三是用搜索引擎就可以直接搜索网站，毫无疑问搜索引擎就能带来更多的客人。

5. 信息搜集

网店、实体店都一样，网络信息搜集对于店主来说都非常重要，需要时刻掌握同类商品的信息，新出的商品有哪些，哪些商品有什么特点、优势、劣势等等，竞争对手都在做什么，行业信息、政策都应该关心，网络信息收集是需要一定技巧和经验的。

（二）网店的宣传推广

1. 网店推广最常见的途径

一是论坛发精华帖。这可以为网店带来很大的流量。二是与同类网店做友情链接。三是印制名片在现实中传播。四是运用搜索引擎优化来提升排名。五是经常更新网店。

2. 网店产品广告策略

对于高相关性产品，网店应偏重于咨询性信息的提供，其广告的教育成分可提高；对于低相关性产品，消费者购买时风险感较低，商店可大大提高广告的娱乐性，以增加吸引力。融于网络游戏中的游戏广告，与娱乐相联系，受众集中，性价比优良，能让消费者在愉快的体验中主动接受品牌，产生购买欲望。通过网络邮箱做广告，也是一种最新动态，因为邮箱广告具有作用时间长、非强迫性的特点。

3. 对网上开店销售的商品进行市场调查

一是可以把自己的想法或是样品拿出来，听听亲戚或是周围朋友的意见，因为很多人可能就是潜在客户，也可以请教一些行业人士与专家，听听他们的意见。在调查过程中不要有这样的想法，认为有些人不会上网，就不用调查这部分人，这个想法是错误的，因为网上开店只是一种营销的渠道，并不是说没有人要的产品，放在网上就有人要，只有网下有人要的产品，放在网上，性价比好才会卖得出去。二是可以上网参考别的网店里有没有这样的产品出售，如果有，那就说明这样的产品有市场，但这样的市场是不是自己的市场，这个时候就要看自己的产品有没有竞争优势，如果是同一品牌就主要看价格有没有优势，如果是不同的品牌，要看自己品牌的影响力和产品的性价比。如果没有，就要做线下的调查，如果能形成一定的购买市场，这就形成了差异化的竞争，拥有了核心竞争力，即使价格高一点，也会有客户愿意购买。

（三）网店商品的挑选

1. 网店商品的名称和定价

网店商品名称应尽量全面，突出优点，因为当别人搜索该类商品时，只有名称会显示在列表上。为了增加吸引力，图片的质量应尽量高一些，说明也应尽量详细。如果需要邮寄，最好声明谁负责邮费。网店商品定价讲究策略。通常网站会提供起始价、底价、一口价等项目由卖家设置。假设卖家要出售进价 8 元 / 千克的农产品，打算卖到 13 元 / 千克。如果是个传统的店主，只要先标出 13 元 / 千克的价格，如果卖不动，再一点点降低价格。但是网上竞价不同，卖家先要设置一个起始价，买家由此向上出价。起始价越低越能引起买家的兴趣，有的卖家设置 1 元起拍，就是吸引注意力的好办法。但是起始价太低会有最后成交价太低的风险，所以卖家最好同时设置底价，例如定 9.5 元 / 千克为底价，以保证商品不会低于成本被买走。起始价太低的另一个缺点是可能暗示店家愿意以很低的价格出售该商品，从而使竞拍在很低的价位上徘徊。如果卖家觉得等待竞拍完毕时间太长，可以设置一口价，一旦有买家愿意出这个价格，商品立刻成交，缺点是如果几个买家都有兴趣，也不可能托高价钱。卖家应根据自己的具体情况利用这些设置。

目前我国网络消费者的收入不太高，在未完全排除网上购物的不安全因素之前，商品价位以中低为主。对于网络消费者中的部分高收入者，他们对价格的敏感度较低，而对购物的便利和商品的独特性要求却很高，可以采用高价策略。

2. 适合网上开店销售的商品

一是体积较小。主要是方便运输，降低运输的成本。二是附加值较高。价值低过运费的单件商品是不适合网上销售的。三是具备独特性或时尚性。网店销售不错的商品往往都是独具特色或者十分时尚的。四是价格较合理。如果线下可以用相同的价格买到，就不会有人在网上购买了。五是通过网站了解就可以激起浏览者的购买欲。如果这件商品必须要亲自见到才可以达到购买所需要的信任，那么就不适合在网上开店销售。六是线下没有、只有网上才能买到。比如外贸订单产品，还有稀少的农产品。

3. 网上开店不能销售的产品

一是法律法规禁止或限制销售的商品，如武器弹药、管制刀具、文物、淫秽品、毒品。二是假冒伪劣商品。三是其他不适合网上销售的商品，如医疗器械、药品、股票、债券和抵押品、偷盗品、走私品或者以其他非法来源获得的商品。四是用户不具有所有权或支配权的商品。就农业而言，农业生产的投入品有明确规定，因此禁止在网上销售国家禁止的农业投入品，如高毒高残留农药等。

4. 精心寻找网店货源

一是批发市场进货。这是最常见的进货渠道，如果网店经营农产品，那么可以去周围一些大型的农产品批发市场进货，在批发市场进货需要有强大的议价能力，力争将批发价压到最低，同时要与批发商建立好关系，在关于调换货的问题上要与批发商协商，以免日后起纠纷。二是生产企业货源。正规的生产企业货源充足，态度较好，如果长期合作的话，一般都能争取到滞销换款。但是一般而言，生产企业的起批量较高，不适合小型批发客户。如果有足够的资金储备，并且不会有压货的危险或不怕压货，那就去找生产企业进货。三是大批发商。一般用百度、谷歌就能找到很多。他们一般直接由生产企业供货，货源较稳定。不足的是因为他们规模较大，订单较多，有时服务难免就跟不上。而且它们一般都有固定的回头客，不怕没有批发商，很难和他们谈条件，除非订的次数多了，成为他的一个大客户，才可能有特别的折扣或优惠。而最糟糕的是，他们的发货速度和换货态度往往不尽如人意。订单多、发货慢可以理解，只要提前一点订货就可以解决，真正的问题在于换货。收到的东西有时难免有些瑕疵，尤其是饰品。所以事先要做好充分的沟通与协商。四是刚刚起步的批发商。这类批发商由于刚起步，没有固定的批发客户，没有知名度。为了争取客户，他们的起批量较小，价格一般不会高于大批发商，甚至有些商品还会低于大批发商。可以按照自己进货的经验和他们谈条件，比如价格和换货等问题，可以达成一个中间协议。而且为了争取回头客，他们的售后服务一般比较好。不足之处在于新的批发商，大家需要了解他们的诚信度。可以到留言板去看别人对他们的评价，也可以让他们自己出具资信证明。五是关注外贸产品或 OEM 产品。目前许多工厂在外贸订单之外的剩余产品或者为一些知名品牌的贴牌生产之外会有一些剩余产品处理，价格通常十分低廉，通常为正常价格的 2 ~ 4 折，这是一个不错的进货渠道。六是买入库存积压或清仓处理产品。因为急于处理，这类商品的价格通常是极低的，如果有足够的砍价能力，可以用一个极低的价格购入，然后转到网上销售，利用网上销售的优势，利用地域或时空差价获得足够的利润。所以，要经常去市场上了解市场动态，密切关注市场变化。七是寻找特别的进货渠道。比如，如果在国外有亲戚或朋友，可以由他们帮忙，购进一些国内市场上看不到的商品，或者一些价格较低的商品。如果在深圳、珠海这样的地方，甚至可以办一张通行证，自己去香港、澳门进货。

在以上进货渠道中，对于小本经营的卖家而言，后三者更适合一些，但是要找到这样的进货渠道难度大一些，需要卖家们多用时间，细心留意。网上开店，进货是一个很重要的环节，不管通过何种渠道寻找货源，低廉的价格是关键因素，找到了物美价廉的货源，网上商店就有了成功的基石。

（四）网店的网站选择

1. 在大型网站上选择平台开网店

专业的 C2C 拍卖类网站。

可以注册个人卖家会员的综合型购物网站。

可以注册个人卖家会员的单项购物网站。

2. 开办个性化网上商店

建设独立的网上商店是指经营者根据自己的经营商品情况，自行或委托他人设计一个网站。独立的网上商店通常都有一个顶级域名做网址，不挂靠在大型购物网站上，完全依靠经营者通过网上或线下的宣传，吸引浏览者进入自己的网站，完成最终的销售。主要包括个性化的网上商店与自助式的网上商店两种类型。

开办个性化的网上商店，实际就是设计了一个新网站，通常包括 5 个方面：域名注册、空间租用、网页设计、程序开发、网站推广等。因为是完全独立开发，所以个性化网店的风格、内容完全可以根据经营者的思路来进行设计，而不必像大型网站里提供的网店需要受限于具体的模块，而且网店商品的上传与经营完全由经营者自己安排，除了支付网站设计与推广费用外，不需要支付网上交易费、商品登录费等费用。当然，个性化的网店只有通过其他各种网站推广方式，才可以得到浏览者的关注，实现最终的商品交易，个性化网店由于需要独立证明卖家自己的信用，往往无法立即取得浏览者的信任。

3. 开办自助式网上商店

自助式网上商店主要是采用自助式网站模块建立自己的网店，同样也是一种独立的网上商店，只是对比较个性化的网店而言，网店的内容只能在既定的模式内选取，通常价格较低，但是这种网店的风格无法达到个性化的网店标准。自助化网店操作简单，具体的应用原则与个性化网店一样。目前有诸多网络类公司提供自助式网站服务，价格通常在几百元至 1000 元之间。

4. 在淘宝网上开店

（1）开店预备工作，走出成功第一步

账户注册：一是填写信息。登录如 www.taobao.com 页面，点击上方“免费注册”进入淘宝免费注册页面，填写有关注册信息后提交注册。二是收电子邮件。注册提交后将有以下提示：“感谢您注册淘宝！现在请按以下步骤激活您的账号!”只需要进入刚才提交的那个邮箱里面，打开名为“亲爱的 ××，完成最后一步，您的注册就成功了!”的确认信件，点击“确认”即可成功注册并使用你的账户了。注意淘宝规定注册使用淘宝的用户须年满 18 岁，且免费注册中你所提供的邮箱将成为你的支付宝账号。在拥有自己的淘宝账号和支付宝账号以后，要想开家店铺卖东西就必须先进行支付宝认证。选择支付宝个人实名认证，需要 3 个步骤：一是提交个人信息；二是身份证件核实；三是银行账户核实。

（2）免费开店准备，走出成功第二步

完成了以上申请与验证工作，现在只要上传 10 件物品就可以免费开店。淘宝网上传物品：进入 www.taobao.com 页面，ID 登录后，点击页面上面“我要卖”—“一口价”便可以上传了，当点击“一口价”后，看到的是一个要选择分类目录的操作页面，比如上传“中国莲藕”这件物品，只需在搜索中输入关键词“莲藕”便可看到所有与莲藕有关的分类，选择最合适的一类，点击下面的“确认”即可进入物品上传详细情况输入页面，具体情况可以根据你自己的物品详细信息进行商品登录。

所登录物品的宝贝标题、上传图片、宝贝描述、数量、一口价以及物品所在地都需要根据实际情况填写，可以加上自己的艺术成分，“开始时间”建议选择“立刻”，“有效期”建议选择“7天”。物品“新旧程度”：新的物品，选择为“全新”，半旧的物品就选“二手”；初学者“运费”建议选择为“买家承担运费”，具体邮费可以根据物品的实际重量以及收货人的平均远近来确定，具体邮费可以参考物流公司网站提供的有关邮费的详细资料。其他内容可以为系统默认的选项。所有内容都完成以后，点击下面“上传物品”，等待系统提示“上传宝贝成功”便完成了一件物品的上传。可以在“我的淘宝”—“出售中的宝贝”里面查看刚上传的物品。如有修改，可以点击物品后面“记事本”图标的按钮即可进入修改。依照上面的方法，成功上传10件物品后，点击“我的淘宝”左边的“免费开店”即创建自己的店铺了。

（3）构建店铺框架，走出成功第三步

当点击“免费开店”后，会进入“我的店铺管理”的“基本设置”页面（也可以在点击“免费开店”后通过点击“我的淘宝”—“管理我的店铺”—“基本设置”进入），可以为店铺设计一个个性、新奇或者让别人一看就知道你卖什么的店铺名。在“店铺类别”里面选择想卖物品类型的大分类，在“主营项目”里面填具体的小类型，同时也可以在“店铺介绍”里面大致介绍一下小店，让买家看到后对店铺感兴趣，可以增加买卖的成交率。最后可以给自己的店铺上传一个“店标”。店标图片是店铺的标志，一个好的店标图片可以提高店铺的浏览率。目前店标图片支持gif和jpg格式，大小限制在80k以内，尺寸为100px×100px。可以在网上搜索下这个尺寸的个性图片，会使用Photoshop的朋友也可以根据自己的要求制作。图片准备好后，点击浏览，把图片上传即可。最后可以在自己的“公告”里写上内容，这些内容在修改后将在店铺的公告栏内滚动，这样买家进入店铺就可以看见要发布的店铺信息，比如最新进了哪些新东西，有什么优惠，以及写上联系方式，方便买家在想买物品时和网店联系等。一个个性化的店铺公告，能吸引买家的注意力，达到更好的促销效果。

所有步骤都完成后，点击“确定”即可以完成店铺框架的构建，以上所填写内容都可以通过“我的淘宝”—“管理我的店铺”—“基本设置”进行修改。

（4）为小店铺上货，走出成功第四步

店铺框架都弄好后，要想卖东西就必须把物品上到自己的店里，让别人感觉店铺做得比较成功，做得比较专业，可以参考“免费开店准备，走出成功第二步”的物品上传方法，上传要卖的物品。具体物品图片的拍摄及其经营技巧，新的卖家可以参照淘宝大学里面的经验，互相学习，慢慢成长。

5. 淘宝开店的经验

加入消费者保证服务、开通旺铺、学会使用直通车。如果想做好，这三条缺一不可。实践证明这是效果最明显的快速提升店铺浏览量和成交量的方法。

巧用 QQ、微博等即时通信工具。把自己的店铺地址挂在 QQ、微博等即时通信签名上。关注自己的朋友，自然会光顾自己的店铺。向自己熟悉的朋友推荐自己的产品，最容易取得信任。

善用 QQ 群。不断加入一些 QQ 群，首先在群里赚得人气，在赢得信任的同时，再宣传自己的网店，将是不错的决策。

会用电子邮箱。利用邮箱，向自己朋友推荐店铺，不管有没有需求，朋友肯定对它感兴趣。

主动做友情链接。寻找不同产品且人气旺的店铺主动做友情链接，将得到意外的收获。

在阿里巴巴里买些广告位，把网店上流量最大的商品放到广告位上，会收到非常好的宣传效果。

找到自己商品的优势，加大力度推荐。

第三节　农村电子商务网上支付

一、电子支付

（一）电子支付的特性及方式

所谓电子支付，又称“网上支付”，是指以电子计算机及其网络为手段，将负载有特定信息的电子数据取代传统的支付工具用于资金流程，并具有实时支付效力的一种支付方式。

1. 电子支付的特性

一是电子支付是一种合同履行方式。

二是电子支付是金融服务的一种新形式。

三是电子支付具有技术性。

2. 电子支付的方式

一是电子资金划拨。二是电子支票。三是信用卡系统。四是电子现金或数字货币。

（二）网上银行的概念及风险

网上银行，又称为在线银行、虚拟银行或网络银行等，是银行借助客户的个人电脑、通信终端（包括移动电话、掌上电脑等）或其他智能设备，通过互联网或其他公用信息网，向客户提供银行业务和有关金融服务的一种银行业务模式。

网上银行的风险控制：一是技术和管理控制；二是法律控制。

（三）电子货币的定义及特征

电子货币的使用者以一定的现金或存款从发行者处兑换并获得代表相同金额的数据，并以可读写的电子信息方式储存起来，当使用者需要清偿债务时，可以通过某些电子化媒介或方法将该电子数据直接转移给支付对象，此种电子数据可称之为电子货币。

电子货币具有如下特征：一是数字化形态。二是电子化手段。三是主体广泛性。

（四）电子现金方式交易流程

电子现金是一种虚拟的网络货币，在网络交易中充当现实交易中货币的角色。采用电子现金交易的流程与现实世界中采用货币交易极其相似，具体流程如下：客户从客户银行转账到电子银行客户—电子银行给客户发放电子现金—客户将电子现金存放在计算机或者智能卡中—客户挑选货物并将电子现金发送给商家—商家向客户提供货物—商家将电子现金发送给电子银行—电子银行向商家开户行入账。

二、移动支付

（一）移动支付的概述

移动支付，也称为手机支付，就是允许用户使用其移动终端（通常是手机）对所消费的商品或服务进行账务支付的一种服务方式。整个移动支付价值链包括移动运营商、支付服务商（比如银行、银联等）、应用提供商（公交、校园、公共事业等）、设备提供商（终端厂商、卡供应商、芯片提供商等）、系统集成商、商家和终端用户。

（二）移动手机的业务

移动支付业务是由移动运营商、移动应用服务提供商（MASP）和金融机构共同推出的、构建在移动运营支撑系统上的一个移动数据增值业务应用。移动支付系统将为每个移动用户建立一个与其手机号码关联的支付账户，其功能相当于电子钱包，为移动用户提供了一个通过手机进行交易支付和身份认证的途径。用户通过拨打电话、发送短信或者使用 WAP 功能接入移动支付系统，移动支付系统将此次交易的要求传送给 MASP，由 MASP 确定此次交易的金额，并通过移动支付系统通知用户，在用户确认后，付费方式可通过多种途径实现，如直接转入银行、用户电话账单或者实时在专用预付账户上借记，这些都将由移动支付系统（或与用户和 MASP 开户银行的主机系统协作）来完成。

（三）**移动手机的支付**

目前，支付宝、财付通、易宝、环迅等第三方支付平台也都瞄准手机支付领域，分享这块新蛋糕。但是传统支付行业的第三方支付公司只能成为为终端用户提供服务的服务行业，而主导权的重新分配必然会导致传统支付市场的格局发生变化，使得利益分配也逐渐偏向移动运营商。移动手机用户现已经突破 8 亿，移动手机支付将最终超过传统支付市场。移动手机支付是个朝阳产业，在这种形势下，移动更要应时应景推出更多优惠政策和活动，加大力度推广这种新兴支付方式。

手机实名利于移动支付安全。显然，国内移动支付市场已逐渐形成。然而，进行商务活动，一个重要前提是交易双方的身份都是真实的。而目前国内手机用户中，存在着 2 亿非实名制预付费手机的无实名保障用户，这将成为移动电子商务大规模开展过程中需要解决的问题。据了解，实行手机实名制，不仅手机网络、垃圾短信等很多问题能从源头上得到解决，也使得用户身份信息的真实性问题得到了解决，使手机以及对应的号码有可能成为商务交易和其他移动增值业务的立约依据。

三、第三方支付

随着网络金融业的发展以及网上银行的施行和发展，第三方支付作为一种新的支付形式产生并发展起来。第三方支付作为一种新的支付平台，它有着独特的形式和效用：一方面，第三方支付平台的形成和发展将有力地促进网络和网上银行的发展，从而更加方便电子商务中的网上支付；另一方面，第三方支付的发展将使网上购物程序简便有效，提高网上支付的效率，同时也会带动物流中快递业务的发展。

（一）第三方支付模式概述

所谓第三方支付，就是一些和产品所在国家以及国外各大银行签约并具备一定实力和信誉保障的第三方独立机构提供的交易支持平台。在通过第三方支付平台的交易中，买方选购商品后，使用第三方平台提供的账户进行货款支付，由第三方通知卖家货款到达、进行发货。买方检验物品后，就可以通知付款给卖家，第三方再将款项转至卖家账户。

购买者并非使用者，使用者并非最大的受益者，真正的受益者并非决策者，这就是第三方买单的逻辑。你消费，不用自己买单，产品或服务的提供商根本不收你的钱，而且你消费得越多，厂商还越高兴。这种消费模式之所以能够一直存在，是因为有第三方在替你买单，替产品或服务的提供商支付费用。这种经济模式又被称为“第三方（者）买单”。

除了网上银行、电子信用卡等手段之外，还有一种方式也可以相对降低网络支付的风险，那就是正在迅猛发展起来的利用第三方机构的支付模式及其支付流程，而这个第三方机构必须具有一定的诚信度。在实际的操作过程中，这个第三方机构可以是发行信用卡的银行本身。在进行网络支付时，信用卡号以及密码的披露只在持卡人和银行之间转移，降低了应通过商家转移而导致的风险。同样，当第三方是除了银行以外的具有良好信誉和技术支持能力的某个机构时，支付也通过第三方在持卡人或者客户和银行之间进行。持卡人首先和第三方以替代银行账号的某种电子数据的形式（例如邮件）传递账户信息，避免持卡人将银行信息直接透露给商家，另外也可以不必登录不同的网上银行界面，取而代之的是每次登录时，都能看到相对熟悉和简单的第三方机构的界面。第三方机构与各个主要银行之间又签订有关协议，使得第三方机构与银行可以进行某种形式的数据交换和相关信息确认。这样第三方机构就能实现在持卡人或消费者与各个银行以及最终的收款人或者是商家之间建立一个支付的流程。

在第三方支付交易流程中，支付模式使商家看不到客户的信用卡信息，同时又避免了信用卡信息在网络上多次公开传输而导致信用卡信息被窃。

一类是以支付宝、财付通、盛付通为首的互联网型支付企业，它们以在线支付为主，捆绑大型电子商务网站，迅速做大做强。一类是以银联电子支付、快钱、汇付天下为首的金融型支付企业，侧重行业需求和开拓行业应用。

（二）**第三方支付交易流程**

第三方支付模式使商家看不到客户的信用卡信息，同时又避免了信用卡信息在网络多次公开传输而导致的信用卡信息被窃事件，以B2C交易为例的第三方支付模式的交易流程如下。

客户在电子商务网站上选购商品，最后决定购买，买卖双方在网上达成交易意向。

客户选择利用第三方作为交易中介，客户用信用卡将货款划到第三方账户。

第三方支付平台将客户已经付款的消息通知商家，并要求商家在规定时间内发货。

商家收到通知后按照订单发货。

客户收到货物并验证后通知第三方。

第三方将其账户上的货款划入商家账户中，交易完成。

（三）**第三方支付主要特点**

第三方支付平台提供一系列的应用接口程序，将多种银行卡支付方式整合到一个界面上，负责交易结算中与银行的对接，使网上购物更加快捷、便利。消费者和商家不需要在不同的银行开设不同的账户，可以帮助消费者降低网上购物的成本，帮助商家降低运营成本；同时，还可以帮助银行节省网关开发费用，并为银行带来一定的潜在利润。

较之SSL、SET等支付协议，利用第三方支付平台进行支付操作更加简单且易于接受。SSL是现在应用比较广泛的安全协议，在SSL中只需要验证商家的身份。SET协议是目前发展的基于信用卡支付系统的比较成熟的技术。但在SET中，各方的身份都需要通过CA进行认证，程序复杂、手续繁多、速度慢且实现成本高。有了第三方支付平台，商家和客户之间的交涉由第三方来完成，使网上交易变得更加简单。

第三方支付平台本身依附于大型的门户网站，且以与其合作的银行的信用作为信用依托，因此第三方支付平台能够较好地突破网上交易中的信用问题，有利于推动电子商务的快速发展。

（四）第三方支付盈利方式

通过不断培养C2C市场，把淘宝做得足够大的时候再开始收取费用，现在淘宝不收费，一方面是考虑到现在C2C市场还没有完全成熟；另一方面还没有想好怎么收费。从商业角度来看，支付宝的盈利模式存在很多形式，它所背靠的强大平台和强大的合作伙伴都可能是未来的盈利来源。同时，若支付宝收费的话，还会产生费用。支付宝将作为网上交易的一种解决方案一体地卖给其他网店，而不是像现在国内的其他支付平台一样，根据交易的总额来抽取一定的费用。

由于现在国内的很多物流体系还不完善，所以由物流公司来支付费用的方式还不能实现。另外，据说支付宝的盈利来自它的常驻资金的利息和投资的回报。但是，支付宝作为第三方支付平台，受银监会的监管，这些资金以存款的形式保存，银行按协议支付它利息。1亿元的资金1年的利息是150万左右。所以，它的盈利点在于交易的手续费和常驻资金的利息。至于投资回报，因为有银行监管，所以也是不成立的。

第四节　农村电子商务网络安全

一、电子商务安全现状

电子商务系统将传统的商务过程转移到互联网平台上来，它是参与电子商务活动的各方，包括生产企业或商家、消费者、银行或金融机构、政府等，利用计算机网络平台来实现商务活动的信息系统。其目标是利用计算机网络技术实现在线交易的全过程。一个完善的电子商务系统应当包括哪些部分，目前还没有权威的论述。从企业电子商务实践来看，企业电子商务系统的体系结构一般为 4 层平台结构，它们分别是：网络基础平台、应用开发支持平台、商务服务支持平台和电子商务应用平台。

（一）电子商务系统安全要求

总的来说，电子商务系统的安全要求体现在 3 个主要方面：计算机安全、网络安全和商务安全。从本质上来讲，计算机、网络安全就是计算机网络系统中的硬件、软件、数据受到保护，不会因为偶然或恶意的原因而遭到破坏、更改、泄露，系统能够连续正常工作，其特征是针对计算机网络本身可能存在的安全问题，实施网络安全增强方案，以保证计算机网络自身的安全性目标，它是电子商务系统安全的前提和基础。电子商务安全紧紧围绕传统商务活动在互联网上应用时产生的各种安全问题，商务安全是电子商务交易过程中最核心和最关键的问题。

（二）计算机及网络安全问题

1. 不可抗因素

当环境的温度、湿度发生变化时，或受到强烈的振动和冲击时，计算机就会受到损害，不可避免地造成信息数据的丢失。此外计算机硬件如磁盘、内存卡、网卡、电源、主板等；网络设备如路由器、交换机、传输设备等发生故障时，都可能造成信息丢失，甚至导致整个系统的瘫痪。

无论是编程设计人员有意留出的恶意漏洞（为了调试程序或某种目的而精心设置的程序入口，一般不为外人所知，但一旦开了“后门”，就可成为非法用户越过系统正常的安全检查，以非授权方式访问系统的秘密通道），还是编程设计人员无意出现的漏洞，都对信息安全构成很大的威胁。黑客可以利用这些漏洞对消息进行监听、窃取和获得，也可以通过漏洞对系统进行破坏。如今流行的操作系统就存在大量的漏洞与缺陷，并且新的漏洞与利用各种漏洞的蠕虫变种层出不穷，网络的迅速发展也给这类威胁提供了高速繁殖的媒介。

计算机病毒指编制或者在计算机程序中插入的破坏计算机功能或者破坏数据，影响计算机使用并且能够自我复制的一组计算机指令或者程序代码。病毒的传播通常有两种途径：一是用户从公共计算机下载带有病毒的程序；二是交换已感染的磁盘，目前使用U盘感染病毒最为常见。

现在随着互联网技术的发展，网络安全成了新的安全研究热点。网络安全就是如何保证网络上存储和传输的信息的安全性。网络安全问题是计算机系统本身存在的漏洞和其他人为因素构成了计算机网络的潜在威胁，概括来说，网络安全的内容包括：计算机网络设备安全、计算机网络系统安全、数据库安全等。

2. 电子商务交易安全问题

在计算机网络安全的基础上，如何保障电子商务过程的顺利进行，即实现电子商务的保密性、完整性、可鉴别性、不可伪造性和不可抵赖性。网上交易日益成为新的商务模式，基于网络资源的电子商务交易已为大众所接受，人们在享受网上交易带来的便捷的同时，交易的安全性备受关注，网络所固有的开放性与资源共享性导致网上交易的安全性受到严重威胁。所以在电子商务交易过程中，保证交易数据的安全是电子商务系统的关键。

（三）电子商务安全有待解决

严格地说，在电子商务过程中有很多有待解决的问题。一是没有一种电子商务安全的完整解决方案和完整模型与体系结构。二是尽管一些系统正在逐渐成为标准，但仅有很少几个标准的应用程序接口。三是大多数电子商务系统都是封闭式的，即它们使用独有的技术，仅支持一些特定的协议和机制。通常需要一个中央服务器作为所有参与者的可信第三方，有时还要求使用特定的服务器和浏览器。四是尽管大多数方案都使用了公钥密码，但多方安全受到的关注远远不够。没有建立一种解决争议的决策程序。五是客户的匿名性和隐私尚未得到充分的考虑。

二、计算机网络安全

（一）计算机网络的安全威胁

互联网为人类交换信息，促进科学、技术、文化、教育、生产的发展，提高现代人的生活质量提供了极大的便利，但同时对国家、单位和个人的信息安全带来极大的威胁。由于网络的全球性、开放性、无缝连接性、共享性、动态性发展，使得任何人都可以自由地接入互联网，其中有善者，也有恶者。恶者会采用各种攻击手段进行破坏活动。他们对网络系统的主要威胁一是系统穿透。未经授权而不能接入系统的人通过一定手段对认证性进行攻击，假冒合法人接入系统，对文件进行篡改和窃取机密信息、非法使用资源等。一般采取伪装或利用系统的薄弱环节、收集情报等方式实现。二是违反授权原则。一个授权进入系统做某件事的合法用户，它在系统中做未经授权的其他事情，威胁系统的安全。三是植入。一般在系统穿透或违反授权攻击成功之后，入侵者为了为以后的攻击提供方便，常常在系统中植入一种能力，如向系统中注入病毒、后门、特洛伊木马等来破坏系统工作。四是通信监视。这是在通信过程中从信道进行搭线窃听的方式。软硬件皆可以实现，硬件通过无线电和电磁泄露等来截获信息，软件则是利用信息在网络上传输的特点对经过本机的信息流进行截获和分析。五是通信窜扰。攻击者对通信数据或通信过程进行干预，对完整性进行攻击，篡改系统中数据的内容，修正消息次序、时间，注入伪造消息。六是中断。对可用性进行攻击，破坏系统中的硬件、硬盘、线路、文件系统等，使系统不能正常工作，破坏信息和网络资源。七是否认。一个实体进行某种通信或交易活动，稍后否认曾进行过这一活动。

（二）计算机网络的安全隐患

1. 未进行操作系统相关安全配置

不论采用什么操作系统，在缺省安装的条件下都会存在一些安全问题，只有专门针对操作系统安全性进行相关严格的安全配置，才能达到一定的安全程度。千万不要以为操作系统缺省安装后，再配上很强的密码系统就算安全了。网络软件的漏洞和“后门”是进行网络攻击的首选目标。

2. 未进行 CGI 程序代码审计

如果是通用的 CGI 问题，防范起来还稍微容易一些，但是对于网站或软件供应商专门开发的一些 CGI 程序，很多存在严重的 CGI 问题，对于电子商务站点来说，会出现恶意攻击者冒用他人账号进行网上购物等严重后果。

3. 拒绝服务攻击

随着电子商务的兴起，对网站的实时性要求越来越高，DOS 或 DDOS 对网站的威胁越来越大。以网络瘫痪为目标的袭击破坏性更大，造成危害的速度更快，范围也更广，而袭击者本身的风险却非常小，甚至可以在袭击开始前就已经消失得无影无踪，使对方没有实行报复打击的可能。

4. 安全产品使用不当

虽然不少网站采用了一些网络安全设备，但由于安全产品本身的问题或使用问题，这些产品并没有起到应有的作用。很多安全厂商的产品对配置人员的技术背景要求很高，超出对普通网管人员的技术要求，就算是厂家在最初给用户做了正确的安装、配置，但一旦系统需要改动相关安全产品的设置时，很容易产生许多安全问题。

5. 缺少严格的网络安全管理制度

网络安全最重要的还是要在思想上高度重视，网站或局域网内部的安全需要用完备的安全制度来保障。建立和实施严密的计算机网络安全制度与策略是真正实现网络安全的基础。

（三）计算机网络的安全体系

一个全方位的计算机网络安全体系结构包含网络的物理安全、访问控制安全、系统安全、用户安全、信息加密、安全传输和管理安全等。充分利用各种先进的主机安全技术、身份认证技术、访问控制技术、密码技术、防火墙技术、安全审计技术、安全管理技术、系统漏洞检测技术、黑客跟踪技术，在攻击者和受保护的资源间建立多道严密的安全防线，极大地增加了恶意攻击的难度，并增加了审核信息的数量，利用这些审核信息可以跟踪入侵者。

在实施网络安全防范措施时，一是加强主机本身的安全，做好安全配置，及时安装安全补丁程序，减少漏洞；二是用各种系统漏洞检测软件，定期对网络系统进行扫描分析，找出可能存在的安全隐患，并及时加以修补；三是从路由器到用户各级建立完善的访问控制措施，安装防火墙，加强授权管理和认证；四是利用 RAID5 等数据存储技术加强数据备份和恢复措施；五是对敏感的设备和数据要建立必要的物理或逻辑隔离措施；六是对在公共网络上传输的敏感信息要进行高强度的数据加密；七是安装防病毒软件，加强内部网的整体防病毒措施；八是建立详细的安全审计日志，以便检测并跟踪入侵攻击等。

（四）计算机网络的安全技术

目前，常用的计算机网络安全技术主要有病毒防范技术、身份认证技术、防火墙技术和虚拟专用网 VPN 技术等。

病毒是一种恶意的计算机程序，它可分为引导区病毒、可执行病毒、宏病毒和邮件病毒等，不同的病毒的危害性也不一样。为了防范病毒，可以采用以下的措施：一是安装防病毒软件，加强内部网的整体防病毒措施；二是加强数据备份和恢复措施；三是对敏感的设备和数据建立必要的物理或逻辑隔离措施等。

身份识别技术是计算机网络安全技术的重要组成部分之一。它的目的是证实被认证对象是否属实和是否有效。其基本思想是通过验证被认证对象的属性来达到确认被认证对象是否真实有效的目的。被认证对象的属性可以是口令、问题解答或者像指纹、声音等生理特征，常用的身份认证技术有口令、标记法和生物特征法。

防火墙是一种将内部网和公众网与互联网分开的方法，它能限制被保护的网络与互联网络之间或者与其他网络之间进行的信息交流，根据企业的安全策略控制出入网络的信息流，且本身具有较强的抗攻击能力。它是提供信息安全服务，实现网络和信息安全的基础设施。它是电子商务最常用的方法。

虚拟专用网是用于互联网电子交易的一种专用网络，它可以在两个系统之间建立安全的通道，非常适合于电子数据交换。在虚拟专用网中交易双方比较熟悉，而且彼此之间的数据通信量很大。只要交易双方取得一致，在虚拟专用网中就可以使用比较复杂的专用加密和认证技术，这样就可以大大提高电子商务的安全性。VPN可以支持数据、语音及图像业务，其优点是经济实用、便于管理、方便快捷地适应变化，但也存在安全性低容易受到攻击等问题。

三、电子商务安全

（一）电子商务的主要安全问题

对合法用户的身份冒充。攻击者通过非法手段盗用合法用户的身份信息，仿冒合法用户的身份与他人进行交易，从而获得非法利益。

对信息的窃取。攻击者在网络的传输信道上，通过物理或逻辑的手段，对数据进行非法的截获与监听，从而得到通信中敏感的信息。如典型的“虚拟盗窃”能从互联网上窃取那些粗心用户的信用卡账号，还能以欺骗的手法进行产品交易，甚至能洗黑钱。

对信息的篡改。攻击者有可能对网络上的信息进行截获后篡改其内容，如修改消息次序、时间，注入伪造消息等，从而使信息失去真实性和完整性。

拒绝服务。攻击者使合法接入的信息、业务或其他资源受阻。

对发出的信息予以否认。某些用户可能对自己发出的信息进行恶意的否认，以推卸自己应承担的责任。

信用威胁。交易者否认参加过交易，如买方提交订单后不付款，或者输入虚假银行资料使卖方不能提款；用户付款后，卖方没有把商品发送到客户手中，使客户蒙受损失。

电脑病毒。电脑病毒问世十几年来，各种新型病毒及其变种迅速增加，互联网的出现又为病毒的传播提供了最好的媒介。不少新病毒直接利用网络作为自己的传播途径，还有众多病毒借助于网络传播得更快，动辄造成数百亿美元的经济损失。如CIH病毒的暴发几乎在瞬间给网络上数以万计的计算机以沉重打击。

（二）**电子商务的主要安全威胁**

由于互联网早期构建时并未考虑到以后的商业应用，因此使用了TCP/IP协议及源码开放与共享策略，为后来的商业应用带来了一系列的安全隐患。在电子商务过程中，买卖双方是通过网络来联系的，因而建立交易双方的安全和信任关系相当困难。电子商务交易双方都面临安全威胁。

1.卖方面临的安全威胁

一是中央系统安全性被破坏，入侵者假冒成合法用户来改变用户数据、解除用户订单或生成虚假订单。二是竞争者检索商品递送状况，恶意竞争者以他人的名义来订购商品，从而了解有关商品的递送状况和货物的库存情况。三是客户资料被竞争者获悉。四是被他人假冒而损害公司的信誉，不诚实的人建立与销售者服务器名字相同的另一个服务器来假冒销售者。五是买方提交订单后不付款。六是虚假订单。

2. 买方面临的主要安全威胁

一是虚假订单，假冒者可能会以客户的名义来订购商品，而且有可能收到商品，而被假冒的合法客户却被要求付款或返还商品。二是付款后不能收到商品，在要求客户付款后，销售商中的内部人员不将订单和钱转发给执行部门，因而使客户不能收到商品。三是机密性丧失，客户有可能将私密的个人数据或自己的身份数据发送给冒充销售商的机构，这些信息也可能会在传递过程中被窃取。四是拒绝服务，攻击者可能向销售商的服务器发送大量的虚假订单来挤占它的资源，从而使合法用户不能得到正常的服务。

（三）电子商务的主要安全技术

1. 电子商务的安全技术

互联网已经日渐融入人类社会的各个方面，网络防护与网络攻击之间的斗争也将更加激烈，这就对安全技术提出了更高的要求。安全技术是电子商务安全体系中的基本策略，是伴随着安全问题的诞生而出现的，安全技术极大地从不同层次加强了计算机网络的整体安全性。要加强电子商务的安全，需要企业本身采取更为严格的管理措施，需要国家建立健全法律制度，更需要有科学的先进的安全技术。安全问题是电子商务发展的核心和关键问题，安全技术是解决安全问题，保证电子商务健康有序发展的关键因素。

2. 商务交易安全技术

一是加密技术。加密技术是电子商务安全的一项基本技术，它是认证技术的基础。采用加密技术对信息进行加密，是最常见的安全手段。加密技术是一种主动的信息安全防范措施，其原理是利用一定的加密算法，将明文转换成为无意义的密文，阻止非法用户理解原始数据，从而确保数据的保密性。目前，在电子商务中，获得广泛应用的两种加密技术是对称密钥加密体制（私钥加密体制）和非对称密钥加密体制（公钥加密体制）。它们的主要区别在于所使用的加密和解密的密码是否相同。二是安全认证技术。安全认证技术主要有数字摘要、数字信封、数字签名、数字时间戳、数字证书等。数字摘要是采用单向 Hash 函数对文件中若干重要元素进行某种变换运算得到固定长度的摘要码（数字指纹 Finger Print），并在传输信息时将之加入文件一同送给接收方，接收方收到文件后，用相同的方法进行变换运算，若得到的结果与发送来的摘要码相同，则可断定文件未被篡改，反之亦然。数字信封是用加密技术来保证只有特定收信人才能阅读信的内容。在数字信封中，信息发送方采用对称密钥来加密信息，然后将此对称密钥用接收方的公开密钥来加密（这部分称为数字信封）之后，将它和信息一起发送给接收方，接收方先用相应的私有密钥打开数字信封，得到对称密钥，然后使用对称密钥解开信息。这种技术的安全性相当高。把 Hash 函数和公钥算法结合起来，可以在提供数据完整性的同时，也可以保证数据的真实性。完整性保证传输的数据没有被修改，而真实性则保证是由确定的合法者产生的 Hash，而不是由其他人假冒的。而把这两种机制结合起来就可以产生所谓的数字签名。交易文件中，时间是十分重要的信息。在书面合同中，文件签署的日期和签名一样均是十分重要的，是防止文件被伪造和篡改的关键性内容。而在电子交易中，同样需对交易文件的日期和时间信息采取安全措施，而数字时间戳服务就能提供电子文件发表时间的安全保护。数字时间戳服务是网络安全的服务项目，由专门的机构提供。在交易支付过程中，参与各方必须利用认证中心签发的数字证书来证明各自的身份。所谓数字证书，就是用电子手段来证实一个用户的身份及用户对网络资源的访问权限。在网上电子交易中，如果双方出示了各自的数字证书，并用它来进行交易操作，那么双方都可不必为对方身份的真伪担心。

（四）电子商务安全的防范对策

1. 电子商务的安全性策略

电子商务安全技术保障策略是电子商务安全体系中的基本策略，目前相关的信息安全技术与专门的电子商务安全技术研究比较普遍和成熟。电子商务中常用到的安全技术有密码技术、身份验证技术、访问控制技术、防火墙技术。

企业电子商务安全运营管理制度保障策略是用文字的形式对各项安全要求所做的规定，是保证企业取得电子商务成功的基础，是企业电子商务人员工作的规范和准则。这些制度主要包括人员管理制度、保密制度、跟踪审计制度、系统维护制度、数据备份制度等。

电子商务立法策略包含以下方面。一是立法目的。电子商务安全立法的目的主要是要消除电子商务发展的法律障碍；消除现有法律适用上的不确定性，保护合理的商业行为，保障电子交易安全；建立一个清晰的法律框架以统一调整电子商务的健康发展。二是立法范围。电子商务安全方面需要的法律法规主要有市场准入制度、合同有效认证办法、电子支付系统安全措施、信息保密防范办法、知识产权侵权处理规定以及广告的管制、网络信息内容过滤等。三是立法途径。电子商务法律仍然是调整社会关系的重要保障，所以应当继承传统立法的合理内核，尤其是基础价值观。具体的立法途径主要有两种，第一是制定新的法律规范，第二是修改或重新解释既定的法律规范。

电子商务的本质是一种市场运作模式，市场正常健康有序地发展，必须有政府宏观上的监督与管理，以协调和规范各市场主体的行为，宏观监督与管理电子商务运行中的安全保障体系。政府监督管理主要体现在计算机信息系统安全管理、网络广告和网络服务业管理、认证机构管理、加强社会信用道德建设。

2. 防范电子商务安全问题的对策

电子商务的安全问题涉及电子商务的各个环节和参加交易的各个方面，解决电子商务的安全问题是一个系统工程和社会问题，需全社会的参与。可以从以下几方面对电子商务安全问题进行防范。

（1）构建电子商务信息安全技术框架体系

在电子商务的交易中，电子商务的安全性主要是网络安全和交易信息的安全。而网络安全是指网络操作系统对抗网络攻击、病毒，使网络系统连续稳定地运行，常用的保护措施有防火墙技术。交易信息的安全是指保护交易双方不被破坏、不泄露交易双方身份的确认，可以用信息加密技术、数字证书和认证技术、SSL 安全协议、SET 等技术来保护。

（2）积极推进电子商务立法

我国政府要加强对电子商务的研究，要加快立法进程，健全电子商务法律体系，建立规范电子商务的灵活法律框架，使电子商务实现公开、合理、合法化。这样不仅可保障电子商务各方面的利益，而且还可保障电子商务的顺利进行。

由于在电子商务的交易过程中，安全问题涉及电子商务的各个环节和参加交易的各个方面，因此需要采取不同的对策来解决。另外，交易过程除涉及交易双方外，还涉及网上银行、认证中心和法律等各方面的问题，因此电子商务安全问题的解决是一个系统工程。

四、电子支付安全

（一）电子商务信息安全管理

要实现电子商务系统安全，仅有技术上的安全是不行的。首先必须制定一套完备的网络安全管理条例，才能从根本上杜绝不安全事件的发生。

1. 提高对网络信息安全重要性的认识

信息技术的发展，使网络逐渐渗透到社会的各个领域，在未来的军事和经济竞争与对抗中，因网络的崩溃而导致全部或局部的失败，绝非不可能。在思想上要把信息资源共享与信息安全防护有机统一起来，树立维护信息安全就是保生存、促发展的观念。

2. 开展网络安全立法和执法

一是要加快立法进程，健全法律体系。自 1973 年世界上第一部保护计算机安全法问世以来，各国与有关国际组织相继制定了一系列的网络安全法规。我国也陆续颁布了很多网络安全法规。这些法规对维护网络安全发挥了重要作用，但不健全之处还有许多。一是应该结合我国实际，吸取和借鉴国外网络信息安全立法的先进经验，对现行法律体系进行修改与补充，使法律体系更加科学和完善。二是要执法必严，违法必究。要建立有利于信息安全案件诉讼与公、检、法机关办案的制度，提高执法的效率和质量。

3. 抓紧网络安全基础设施建设

一个网络信息系统，不管其设置多少道防火墙，加了多少级保护或密码，只要其芯片、中央处理器等计算机的核心部件以及所使用的软件是别人设计生产的，就没有安全可言，这正是我国网络信息安全的弱点。国民经济要害部门的基础设施要通过建设一系列的信息安全基础设施来实现。为此，需要建立中国的公开密钥基础设施、信息安全产品检测评估基础设施、应急响应处理基础设施等。

4. 把好网络建设立项关

我国网络建设立项时的安全评估工作没有得到应有重视，这给网络安全问题埋下了伏笔。在对网络的开放性、适应性、成熟性、先进性、灵活性、易操作性、可扩充性综合把关的同时，在立项时更应注重对网络的可靠性、安全性评估，力争将安全隐患杜绝于立项、决策阶段。

5. 注重网络建设的规范化

没有统一的技术规范，局部性的网络就不能互连、互通、互动，没有技术规范也难以形成网络安全产业规模。目前，国际上出现许多关于网络安全的技术规范、技术标准，目的就是要在统一的网络环境中保证信息的绝对安全。我们应从这种趋势中得到启示，在同国际接轨的同时，拿出既符合国情又顺应国际潮流的技术规范。

（二）电子商务信息安全协议

1. 安全套接层协议

SSL 协议的整个概念可以被总结为：一个保证任何安装了安全套接层的客户和服务器之间事务安全的协议。该协议向基于 TCP/IP 的客户 / 服务器应用程序提供了客户端与服务的鉴别、数据完整性及信息机密性等安全措施。SSL 安全协议主要提供三个方面的服务。

用户和服务器的合法性保证。这使得用户与服务器能够确信数据将被发送到正确的客户机和服务器上。客户机与服务器都有各自的识别号，由公开密钥编排。为了验证用户，安全套接层协议要求在交换数据中做数字认证，以此来确保用户的合法性。

加密数据以隐藏被传递的数据。安全套接层协议采用的加密技术既有对称密钥，也有公开密钥，在客户机和服务器交换数据之前，先交换 SSL 初始握手信息。在 SSL 握手信息中采用了各种加密技术，并且经数字证书鉴别，以保证其机密性与数据的完整性。

维护数据的完整性。安全套接层协议采用 Hash 函数和机密共享的方法来提供完整的信息服务，建立客户机与服务器之间的安全通道，使所有经过安全套接层协议处理的业务能全部准确无误地到达目的地。

2. 安全电子交易公告

安全电子交易公告是为在线交易设立的一个开放的、以电子货币为基础的电子付款系统规范。SET 在保留对客户信用卡认证的前提下，又增加了对商家身份的认证。

SET 是全球网络的工业标准。SET 安全协议的主要对象包括：一是消费者（包括个人和团体），按照在线商店的要求填写订货单，用发卡银行的信用卡付款；二是在线商店，提供商品或服务，具备使用相应电子货币的条件；三是收单银行，通过支付网关处理消费者与在线商店之间的交易付款；四是电子货币发行公司以及某些兼有电子货币发行的银行，负责处理智能卡的审核和支付；五是认证中心，负责确认交易对方的身份和信誉度以及对消费者的支付手段认证；六是加密算法的应用。证书信息与对象格式，购买信息和对象格式，认可信息与对象格式。

3. SET 协议的目标

一是保证电子商务参与者信息的相应隔离；二是保证信息在互联网上

安全传输，防止数据被黑客或内部人员窃取；三是解决多方认证问题；四是保证网上交易的实时性，使所有的支付过程都是在线的；五是效仿BDZ贸易的形式、规范协议和消息格式，促使不同厂家开发的软件具有兼容性与交互操作功能，并且可以运行在不同的硬件和操作系统平台上。

（三）电子商务电子支付风险

1. 电子支付安全

从理论上讲，网上支付有很多优点，例如便捷、高效、安全等，但目前，我国的电子商务公司大都采用“网上交易、网下支付”的方式。先在网上进行商品信息查询，确定价格，进行订货，而后采用传统的脱机方式付款，如货到付款、银行转账、邮局汇款等。这种方式比较安全和容易接受，但损害了电子商务的方便性和时效性的真正含义。

网上支付实际上已经成为发展电子商务的主要瓶颈。除了商家和客户还不习惯用电子货币消费外，关键是我国的网上支付业务还很落后，网上支付的效率还很低，确认支付的时间较长，网上支付收取上网费用和管理费用过高，对网上支付有种种限制，如金额限制、地域限制等。而最重要的是网上支付的安全性问题、信誉问题得不到保障。这是人们最关心的问题。

2. 电子商务交易的风险

电子商务交易过程是在开放的网络环境下，利用信息平台完成的交易环节和过程。电子商务的发展与应用，使企业在扩大产品宣传、增进沟通和交易机会、减少交易环节、降低交易成本方面发挥了巨大作用。但由于网络的虚拟性，交易各方非面对面的交易特征以及电子支付手段的安全性，使参与电子商务交易的各方（销售方和购买方）都面临不同形式和不同程度的安全威胁。

在互联网络环境下从事电子商务，可能出现的风险归结为3类，即信用风险、管理风险和法律风险，其中管理风险表现为交易流程管理风险及业务技术管理风险。例如，交易管理和手段的不完善，网络技术如支付技术的安全性、数据存储的安全性、远程传输的安全性等。而法律风险则表现为对市场交易环境和主体的制度约束，包括各种围绕企业和服务者权益的法律制度的建立和相关制度的健全性，会产生如隐私风险、知识产权风险等，以上两类风险均体现了对 B2B 交易模式中活动主体（企业和企业）交易风险产生的外部约束，故笔者称其为交易风险外在因素，而信用风险则指由于交易双方信任的缺失造成的交易障碍，主要分为卖方信用风险、买方信用风险和否认交易风险，这种信任的缺失主要发生在充满不确定性和风险的环境中，网络交易环境的虚拟性，使得信任在网络交易过程中所起的作用超过了它在传统交易活动中所起的作用，企业对于交易双方的真实性更难判断。由于该类风险往往表现出与交易主体行为选择、心理、道德的关联特征，在本节中称其为交易主体风险产生的内在因素。

市场经济有效性的基本观点认为，市场中的信息完全透明化，而现实网络交易市场中，交易场所的网络化、交易手段的电子化以及交易信息的无纸化，使交易主体之间存在严重的信息不对称，对大多数交易来说，交易信息很难把握，交易前信息的不完全、交易中的价值损失以及道德风险均使得电子商务交易过程存在大量的风险。

经济博弈论中特别指出在商品市场交易中，只有商品信息传递的完全性和交易方的守信行为会使双方的博弈过程得以重复，同时通过竞争使得买卖双方增加了选择余地，守信的伙伴会替代旧的失信者，从而压缩了失信者再博弈的空间；电子商务交易中存在的信息非确定性和信用风险不仅使得未违约的交易方未购得商品或变现时需再次交易，造成已交钱未得到商品或因市场价格变化不利而带来企业的价值损失，同时又会影响再次网上交易的信任度。

市场交易的良性循环使得交易双方获得更多的交易机会并从中获得更多的企业剩余，交易双方的诚信或欺诈是影响交易主体选择和交易重复发生的重要因素。因此，市场经济的竞争性与市场交易的重复性是建立合作均衡的基本条件。信息的不对称需要引发和创造更高的市场信用机制来降低信用风险，从而创造交易双方可重复的交易行为，进而创造长期稳定的获利机会和博弈的均衡态势。

交易风险外在因素对交易行为的影响，一是电子商务市场环境影响企业价格敏感度。决定一种产品或服务的需求价格弹性的关键性因素是企业对价格变化引发的需求变化。电子商务通过网络销售产品或服务，相对企业来说更容易获得有关产品或服务的价格或产品质量的比较信息，获取信息的边际成本较低，会引起需求价格弹性提高，同时由于网上购物的便利性造成企业的需求价格弹性下降的变化，相对于传统购买行为，企业的价格敏感度呈现不确定的变化特征，网上企业的交易行为则表现出更易变动或不确定的特点。二是交易信用制度。在传统的交易活动中，所涉及的交易风险可通过社会机制、法律机制和技术机制加以限制。例如，通过法律机制的建立，可以对违反合同的人加以惩罚，对诚实的一方给予补偿。通过社会规则和法律的相互作用，建立一个较为稳定的贸易环境，使贸易可在最低风险条件下进行。由信息不对称引起的信用风险，在网络环境中，由于网络的开放性、跨国界性以及技术资源限制、网络认证安全技术的待完善，都在一定程度上限制了对信用风险制约的外部机制的建立。交易过程中的信用遵守与违约行为成为交易双方进行交易决策的随机行为。由于网络的虚拟性，交易双方并不见面，其交易完全通过网络进行，因此信息的真实可靠性受到特别的重视。而目前信息的真实性、客户身份的合法性、支付信息的完整性、支付信息的不可否认性，整个网上交易的合法性等都无章可循、无法可依，特别是安全认证问题和网上支付的安全性还不能够完全消除人们的疑虑，将严重制约电子商务的正常发展。因此，解决网上交易、结算中的安全问题是建立电子商务各主体间信任的关键，只有具备足够高的安全性、可靠性的电子商务系统才能赢得客户的信赖和欢迎。

（四）电子商务信用体系建立

对比 B2B 的电子商务模式与国际贸易，可以发现它们有许多共同之处，寻找生意伙伴、发盘签约、生产、装运、检查、收款等一系列的程序都需要第三方的存在，才能很好地完成整个交易，实现交易的风险控制。电子商务是信息技术推动下的新型贸易形式，虽然它也应该是商务的一种，但其特殊性是显然存在的，可能派生出专门为企业的电子商务服务的信用机构，为参加交易的双方提供相应的服务，来降低交易的风险，这将是一个新的信用体系。

首先是信用体系的参加者。对于B2B的电子商务而言，完成交易将涉及交易双方、电子商务网站、第三方物流配送公司、银行及其他机构如商检、保险等，每个参与者都需要承担一定的信用责任。但从传统贸易过程来看，它们的信用关系过于复杂，并没有特别为电子商务而设计的行为标准。

信用体系架构。如果我们把B2B电子商务交易过程中的交易双方及物流配送公司看成是交易主体，而把其他方面看成是信用体系中的相关角色，可以更方便地分析信用体系架构。

电子商务信用体系的技术保证。电子商务的基础是建立在互联网上的，交易资料的传递、验证，都离不开商务网站或商务认证中心，这些机构的信息系统，必须要做到万无一失，保证任何交易均处于监察状态。因此，要求有非常高的技术保证措施，如引进国际和国内先进的安全技术措施来建设这一认证中心。建议采用国际标准的SSL协议。实现客户身份认证和交易信息在互联网上的加密传输，确保客户的交易在一个安全的传输通道中进行传输。包括各种购买中的重要文书、单据和最后付款信用卡信息传输的安全、畅通。

商务认证中心的信息系统应该具有信息分隔、强行访问控制、最小权限、实时报警、口令管理和登录限制等特点来保证认证系统的安全、可信。

电子商务信用的体系保证。从前面的分析我们知道，B2B的电子商务环境中，交易双方从信息发布、交易确认到生产交付、货物验收都可能在异地进行，没有第三方的信用保证，几乎不可能完成交易。它需要银行、商检和商务认证中心的联合工作，才能建立起比较完善的信用体系。完善的金融制度，方便、可靠、安全的支付手段和完整的个人、企业信用信息档案资料也是电子商务顺利发展的基本条件。不难看出，影响我国电子商务发展的不单是网络带宽的狭窄、上网费用的昂贵、人才的不足以及配送的滞后，更重要的原因来自信用制度不健全。因此，我们应该加大金融改革力度、建立信用制度、健全法制，为我国电子商务的发展创造有利的发展环境。

在理论上，纯粹的B2B电子商务与国际贸易一样，必须有第三方的参与才能建立起相应的信用体系，保证交易的正常进行。为交易双方提供信用保证，监督交易的执行。银行和商检是已经存在的职能机构，而商务认证中心是因电子商务的发展需要而产生的，无论是建立国家的职能机构，还是产生公证机构来扮演这个角色，都需要从理论上多加探讨。当然，建立电子商务的信用体系也离不开对一切先进技术的应用。

第五节 农村电子商务现代物流

一、现代物流一般概念

（一）物流

物流简单说就是物品从供应地向接收地的实体流动。它是指为了满足客户的需要，以最低的成本，通过运输、保管、配送等方式，实现原材料、半成品、成品及相关信息由商品的产地到商品的消费地所进行的计划、实施和管理的全过程。物流构成包括商品的运输、配送、仓储、包装、搬运装卸、流通加工以及相关的物流信息等环节。物流业统计范围包括作为物流产品供给方的铁路运输、铁路运输辅助活动、道路货物运输、道路运输辅助活动、水上货物运输、水上运输辅助活动、航空客货运输、航空运输辅助活动、管道运输业、装卸搬运、运输代理服务、谷物、棉花等农产品仓储、其他仓储、国家邮政、其他寄送服务业等法人单位和个体经营户，以及作为物流产品需求方的农业、工业、建筑业、批发和零售业的法人单位和个体经营户。

物流活动的具体内容包括以下方面：用户服务、需求预测、订单处理、配送、存货控制、运输、仓库管理、工厂和仓库的布局与选址、搬运装卸、采购、包装、情报信息。

（二）**现代物流**

现代物流不仅考虑从生产者到消费者的货物配送问题，而且考虑从供应商到生产者对原材料的采购，以及生产者本身在产品制造过程中的运输、保管和信息等各个方面，全面、综合地提高经济效益和效率。因此，现代物流是以满足消费者的需求为目标，把制造、运输、销售等市场情况统一起来考虑的一种战略措施。这与传统物流仅把它看作“后勤保障系统”和“销售活动中起桥梁作用”的概念相比，在深度和广度上又有了进一步的含义。

在当今的电子商务时代，全球物流产业有了新的发展趋势。现代物流服务的核心目标是在物流全过程中以最小的综合成本来满足顾客的需求。

现代物流具有以下几个特点：电子商务与物流的紧密结合；现代物流是物流、信息流、资金流和人才流的统一；电子商务物流是信息化、自动化、网络化、智能化、柔性化的结合；物流设施、商品包装的标准化，物流的社会化、共同化也都是电子商务下物流模式的新特点。

电子商务的不断发展使物流行业重新崛起。目前美国的物流业所提供的服务内容已远远超过了仓储、分拨和运送等服务。物流公司提供的仓储、分拨设施、维修服务、电子跟踪和其他具有附加值的服务日益增加。物流服务商正在变为客户服务中心、加工和维修中心、信息处理中心和金融中心，根据顾客需要而增加新的服务是一个不断发展的观念。

相对于发达国家的物流产业而言，中国的物流产业尚处于起步发展阶段，其发展的主要特点一是企业物流仍然是全社会物流活动的重点，专业化物流服务需求已初露端倪，这说明我国物流活动的发展水平还比较低，加强企业内部物流管理仍然是全社会物流活动的重点；二是专业化物流企业开始涌现，多样化物流服务有一定程度的发展。走出以企业自我服务为主的物流活动模式，发展第三方物流，已是中国物流业发展的当务之急。

（三）电子商务物流

曾有流行的一句广告语“呼机、手机、商务通，一个不能少”，对于电子商务来说，则是“信息流、货币流、物流，一个都不能少”。就在电子商务不断为现代商家“洗脑”的同时，人们已经意识到物流对电子商务意味着什么，电子商务物流的概念也开始受人重视了。什么是电子商务物流？电子商务物流有什么特征？因为没有现成的模式和经验可循，所以大家都是在“摸着石头过河”。但有一点不必怀疑，电子商务物流还要从传统物流做起。目前国内外的各种物流配送虽然大都跨越了简单送货上门的阶段，但在层次上仍是传统意义上的物流配送，因此在经营中存在着传统物流配送无法克服的种种弊端和问题，尚不具备或基本不具备信息化、现代化、社会化的新型物流配送的特征。

电子商务作为数字化生存方式，代表未来的贸易方式、消费方式和服务方式。因此要求整体生态环境完善，要求打破原有物流行业的传统格局，建设和发展以商品代理和配送为主要特征，物流、商流、信息流有机结合的社会化物流配送中心，建立电子商务物流体系，使各种“流”畅通无阻，才是最佳的电子商务境界。

（四）虚拟物流

虚拟物流是指以计算机网络技术进行物流运作与管理，实现企业间物流资源共享和优化配置的物流方式。

虚拟物流最初的应用是为了满足高价值、小体积的货物要求，如航空货物、医疗器械和汽车零部件等。特别是中小企业在大的竞争对手面前经常处于不利地位，他们从自己的物流活动中不但无法获取规模效益，还会加大物流成本的消耗。虚拟物流可以使这些小企业的物流活动，并入一个大的物流系统中，从而实现在较大规模的物流中降低成本，提高效益。

虚拟物流的要素包括：一是虚拟物流组织，它可以使物流活动更具市场竞争的适应力和盈利能力；二是虚拟物流储备，它可以通过集中储备、调度储备以降低成本；三是虚拟物流配送，它可以使供应商通过最接近需求点的产品，并运用遥控运输资源实现交货；四是虚拟物流服务，它可以提供一项虚拟服务降低固定成本。

（五）第三方物流

所谓第三方物流是指生产经营企业为集中精力搞好主业，把原来属于自己处理的物流活动，以合同方式委托给专业物流服务企业，同时通过信息系统与物流服务企业保持密切联系，以达到对物流全程的管理和控制的一种物流运作与管理方式。因此第三方物流又叫合同制物流。

提供第三方物流服务的企业，其前身一般是运输业、仓储业等从事物流活动及相关的行业。从事第三方物流的企业在委托方物流需求的推动下，从简单的存储、运输等单项活动转为提供全面的物流服务，其中包括物流活动的组织、协调、管理、设计最优物流方案、物流全程的信息搜集、管理等。目前第三方物流的概念已广泛地被西方流通行业所接受。

（六）第四方物流

第四方物流是一个供应链的集成商，是供需双方及第三方的领导力量。它不是物流的利益方，而是通过拥有的信息技术、整合能力以及其他资源提供一套完整的供应链解决方案，以此获取一定的利润。它帮助企业实现降低成本和有效整合资源，并且依靠优秀的第三方物流供应商、技术供应商、管理咨询以及其他增值服务商，为客户提供独特的供应链解决方案。

第四方物流同第三方物流相比，其服务的内容更多，覆盖的地区更广，对从事货运物流服务的公司要求更高，要求它们必须开拓新的服务领域，提供更多的增值服务。第四方物流最大的优越性是它能保证产品得以“更快、更好、更廉”地送到需求者手中。当今经济形势下，货主、托运人越来越追求供应链的全球一体化以适应跨国经营的需要，跨国公司由于要集中精力于其核心业务因而必须更多地依赖于物流外包。基于此理，它们不只是在操作层面上进行外协，而且在战略层面上也需要借助外界的力量，无论昼夜都能得到“更快、更好、更廉”的物流服务。

（七）特快专递业务

特快专递业务，是指从事快件运输的专业速递公司与航空公司合作，以最快速度在发件人—机场—收件人之间递送急件。

由此可见，特快专递业务的性质和运输方式与普通航空货运基本上是一致的，可以视为航空货运的延续。实际上，大多数航空货运代理公司都经营快递业务，即我们所谓的空运普货门到门服务。许多专门从事快递业务的公司也是从航空货运代理公司派生出来的。以前从事航空货运机场自提。现在，委托当地同行代理互为派送。这是市场的需求，也是货运发展的必然趋势。到目前出现的第三方物流，直至最领先的所谓第四方物流概念，都说明了这一点。

特快专递或航空快运的主要运作形式是门到门或称桌到桌服务。即由速递公司派人上门取件，送至机场委托航空公司空运，货到目的港机场后，由当地速递公司（或代理）提货，派送到收件人手中。

（八）电子供应链

电子供应链通过集中协调不同企业的关键数据，如订货、预测、库存状态、缺货状况、生产计划、运输安排、在途物资、销售分析、资金结算等数据，便于管理人员迅速、准确地获得各种信息。并充分利用电子数据交换、互联网等技术手段，实现供需链上的信息集成，达到共享采购订单的电子接收与发送、多位置库存自动化处理和控制、批量和系列号跟踪、周期盘点等重要信息。

电子供应链的功能在于提高企业对市场需求信息反应的准确性与响应速度，协调降低供应链的总体成本，使供应链的节点企业共同获利。

二、电子商务与现代物流

（一）现代物流与传统物流的区别

传统物流一般指产品出厂后的包装、运输、装卸、仓储，而现代物流提出了物流系统化或叫总体物流、综合物流管理的概念，并付诸实践。具体地说，就是使物流向两头延伸并加入新的内涵，使社会物流与企业物流有机结合在一起，从采购物流开始，经过生产物流，再进入销售物流，与此同时，要经过包装、运输、仓储、装卸、加工配送到达用户（消费者）手中，最后还有回收物流。可以这样讲，现代物流包含了产品从“生”到“死”的整个物理性的流通全过程。

传统物流与现代物流的区别主要表现在以下几方面：一是传统物流只提供简单的位移，现代物流则提供增值服务；二是传统物流是被动服务，现代物流是主动服务；三是传统物流实行人工控制，现代物流实施信息管理；四是传统物流无统一服务标准，现代物流实施标准化服务；五是传统物流侧重点到点或线到线服务，现代物流构建全球服务网络；六是传统物流是单一环节的管理，现代物流是整体系统优化。

（二）**电子商务与物流的关系**

电子商务是21世纪信息化、网络化的产物，由于其自身的特点已广泛引起了人们的注意，但是人们对电子商务所涵盖的范围却没有统一、规范的认识。仍如传统商务过程一样，电子商务中的任何一笔交易，都包含着以下几种基本的“流”，即信息流、商流、资金流和物流。

过去，人们对电子商务过程的认识往往只局限于信息流、商流和资金流的电子化、网络化，而忽视了物流的电子化过程，认为对于大多数商品和服务来说，物流仍然可以经由传统的经销渠道。但随着电子商务的进一步推广与应用，物流的重要性对电子商务活动的影响日益明显。试想，在电子商务中，消费者网上浏览后，通过点击轻松完成了网上购物，但所购货物迟迟不能送到手中，甚至出现了买电视机送茶叶的情况，其结果可想而知，消费者只能放弃电子商务，选择更为安全可靠的传统购物方式。

在电子商务中，一些电子出版物，如软件、CD等可以通过网络以电子的方式送给购买者，但绝大多数商品仍要通过各种方式完成从供应商到购买者的物流过程。我国的许多网上商店由于解决不了物流问题，只好将送货地址限制在一定的范围内，电子商务的跨地域优势也就没有了。一些单位曾经组织了一次72小时的网上生存测验。测验中一个突出的问题就是物流问题，尤其是费尽周折填好订单后漫长的等待，使电子商务的跨时域优势也丧失殆尽。此后的一次市场调查证实，人们最关注的热点问题是“物流”。这再次使人们认识到物流在电子商务活动中的重要地位，认识到现代化的物流是电子商务活动中不可缺少的部分。

电子商务可以用下面的等式来表示：电子商务＝网上信息传递+网上交易+网上支付+物流配送。一个完整的商务活动，必然要涉及信息流、商流、资金流和物流等4个流动过程。从一定意义上说，物流是电子商务的重要组成部分，是信息流和资金流的基础与载体。物流也是电子商务优势正常发挥的基础，在电子商务中，商品生产和交换的全过程，都需要物流活动的支持，没有现代化的物流运作模式支持，没有一个高效的、合理的、畅通的物流系统，电子商务所具有的优势就难以发挥。物流同时支持了电子商务的快速发展。随着电子商务的不断发展，对物流的需求越来越高，而作为实体流动的物流活动发展相对滞后，从而在某种程度上来说，物流成为电子商务发展的瓶颈，物流业直接影响着电子商务，其发展壮大对电子商务的快速发展起到支撑作用。

1. 电子商务为物流创造了一个虚拟性的运动空间

在电子商务状态下，人们在进行物流活动时，物流的各项职能及功能可以通过虚拟化的方式表现出来，在这种虚拟化的过程当中，人们通过各种组合方式，寻求物流的合理化，使商品实体在实际的运动过程中，达到效率最高、费用最省、距离最短、时间最少的目的。电子商务可以对物流网络进行实时控制。在电子商务中，物流的运作是以信息为中心的，信息不仅决定了物流的运动方向，而且决定着物流的运作方式。在实际运作当中，网络的信息传递，可以有效地实现对物流的实时控制，实现物流的合理化。

2. 电子商务将改变物流企业对物流的组织和管理

在传统条件下，物流往往是从某一个企业进行组织和管理的，而电子商务则要求物流从社会的角度来实行系统的组织和管理，以打破传统物流分散的状态。这就要求企业在组织物流的过程中，不仅考虑本企业的物流组织和管理，更重要的是要考虑全社会的整体系统。

3. 电子商务将改变物流企业的竞争状态

在电子商务时代，物流企业之间依靠本企业提供优质服务、降低物流费用来进行竞争的方式依然存在，但是有效性却大大降低了。其原因在于电子商务需要一个全球性的物流系统来保证商品实体的合理流动，对于一个企业来说，即使其规模再大，也是难以达到这一要求的。这就要求物流企业应相互联合起来，在竞争中形成一种协同合作的状态，以实现物流高效化、合理化和系统化。

4. 电子商务促进物流基础设施的改善

电子商务高效率和全球性的特点，要求物流也必须达到这一目标。而物流要达到这一目标，良好的交通运输网络、通信网络等基础设施则是最基本的保证。除此之外，相关的法律条文、政策、观念等都要不断地得到更新。

5. 电子商务促进物流技术的进步

物流技术主要包括物流硬技术和软技术。物流技术水平的高低是实现物流效率高低的一个重要因素，要建立一个适合电子商务运作的高效率的物流系统，加快提高物流的技术水平有着重要的作用。

（三）网络时代物流的特点

由于电子商务的出现，加速了全球经济的一体化，致使企业的发展趋向多国化、全球化的模式。面对全球化激烈竞争的趋势，企业的战略对策之一是专注于自己所擅长的经营领域，力争在核心技术方面领先。而本企业不擅长的业务则分离出去，委托给在该领域有特长的、可信赖的合作伙伴。这种趋势为现在所谓的第三方物流、第四方物流的发展创造了条件。

这一方面最著名的例子是戴尔（Dell）计算机公司的经营模式，他们只做订货与最终组装，而将零部件的制造和物流系统运作委托给合作伙伴，通过供应链的管理与重组，有效地减少了库存，缩短了生产周期，大大地提高了竞争力。耐克公司也有类似的方法，只做经营与产品设计。又如运输公司把烦琐的收费业务委托给卡片公司去管理等。企业注重核心技术的趋势使物流业务从生产企业分离，为物流企业带来良好机遇。物流企业也必须按照同一原则精心发展自己的业务、提高服务水平，保证委托方的利益，并建立本企业的信誉。

（四）电子商务对现代物流的影响

在电子商务时代，物流业会越来越强化，必须承担更重要的任务，既要把虚拟商店的货物送到用户手中，还要从生产企业及时进货入库。物流公司既是生产企业的仓库，又是用户的实物供应者。物流企业成了代表所有生产企业及供应商对用户最集中、最广泛的实物供应者。物流业成为社会生产链条的领导者和协调者，为社会提供全方位的物流服务。可见，电子商务对现代物流具有重大的影响，它把物流业提升到了前所未有的高度，为其提供了空前的发展机遇。

1. 对现代物流系统结构的影响

由于网上客户可以直接面对制造商并可获得个性化服务，故传统物流渠道中的批发商和零售商等中介将逐步淡出，但是区域销售代理将受制造商委托逐步加强其在渠道和地区性市场中的地位，作为制造商产品营销和服务功能的直接延伸。

由于网上时空的“零距离”特点与现实世界的反差增大，客户对产品的可得性心理预期加大，以致企业交货速度的压力变大。因此，物流系统中的港、站、库、配送中心、运输线路等设施的布局、结构和任务将面临较大的调整。在企业保留若干地区性仓库以后，更多的仓库将改造为配送中心。

由于存货的控制能力变强，物流系统中仓库的总数将减少。随着运管政策的逐步放宽，更多的独立承运人将为企业提供更加专业化的配送服务。配送的服务半径也将加大。

由于信息共享的及时性，使得制造商在全球范围内进行资源配置成为可能，故其组织结构将趋于分散并逐步虚拟化。当然，这主要是那些拥有品牌，产品在技术上已经实现功能模块化和质量标准化的企业。

大规模的电信基础设施建设，将使那些能够在网上直接传输的有形产品的物流系统隐形化。这类产品主要包括书报、音乐、软件等，已经数字化的产品的物流系统将逐步与网络系统重合，并最终被网络系统取代。

2. 对物料采购的影响

企业在网上寻找合适的供应商，从理论上来讲具有无限的选择性。这种无限选择的可能性将导致市场竞争的加剧，并带来供货价格降低的好处。但是，所有的企业都知道频繁地更换供应商，将增加资质认证的成本支出，并面临较大的采购风险。所以，从供应商的立场来看，作为应对竞争的必然对策，是积极地寻求与制造商建立稳定的渠道关系，并在技术、管理、服务等方面与制造商结成更稳固的战略联盟。同样，制造商也会从物流的理念出发来寻求与合格的供应商建立一体化供应链。作为利益交换条件，制造商和供应商之间将在更大的范围内和更深的层次上实现信息资源共享。事实上，电子商务对物料采购成本的降低，主要体现在诸如缩短订货周期、减少文案和单证、减少差错和降低价格等方面。因此，虚拟空间的无限选择性将被现实市场的有限物流系统即一体化供应链所覆盖。

3. 对客户服务的影响

电子商务的发展要求实现客户服务的个性化，只有当企业对客户需求的响应实现了某种程度的个性化对称时，企业才能获得更多商机。这就要求企业网站的主页设计要个性化，要针对特定客户群体；要求根据客户需求的变化进行不同的服务营销组合，实现企业经营的产品或服务的个性化；要求企业对客户追踪服务的个性化。网络时代客户需求的个性化增大了市场预测的离散度，故发现客户个性化服务需求的统计特征将主要依赖对客户资料的收集、统计、分析和追踪。虽然从技术层面上来讲并没有什么困难，但是要涉及文化、心理、法律等诸多方面，因此建立客户档案并追踪服务本身，就是一项极富挑战性的工作。

4. 对运输的影响

在电子商务条件下，速度已上升为最主要的竞争手段。物流系统要提高客户对产品的可得性水平，在仓库等设施布局确定的情况下，运输将是决定性的。由于运输活动的复杂性，运输信息共享的基本要求就是运输单证的格式标准化和传输电子化。为了实现货运全程的跟踪监控和回程货运的统筹安排，将要求在供应链内部使用标准密码，通过管理交易、翻译通信标准和减少通信连接数目来使供应链增值，从而在物流联盟企业之间建立稳定的制化渠道关系；要求物流系统在相关通信设施和信息处理系统方面进行先期的开发投资，如电子通关、条形码技术、在线货运信息系统、卫星跟踪系统等。

5. 对存货的影响

一般认为，由于电子商务增加了物流系统各环节对市场变化反应的灵敏度，可以减少库存、节约成本。相应的技术手段也由看板管理和物料需求计划等转向配送需求计划、重新订货计划和自动补货计划等基于对需求信息做出快速反应的决策系统。但从物流的观点来看，这实际是借助于信息分配对存货在供应链中进行了重新安排。存货在供应链中总量是减少的，但结构上将沿供应链向下游企业移动。即经销商的库存向制造商转移，制造商的库存向供应商转移，成品的库存变成零部件的库存，而零部件的库存将变成原材料的库存等。

6. 对现代物流理念的影响

物流系统中的信息变成了整个供应链运营的环境基础。网络是平台，供应链是主体，电子商务是手段。信息环境对供应链的一体化起着控制和主导的作用。企业的竞争是以物流系统为依托的信息联盟或知识联盟的竞争，物流系统的管理也从对有形资产存货的管理转为对无形资产信息或知识的管理。

物流系统面临的基本技术经济问题，是追求物流总成本最低的同时为客户提供个性化的服务，物流系统由供给推动变为需求拉动。

（五）发展电子商务物流的对策

虽然说我国电子商务物流具有很好的发展前景，但机遇和挑战同在。随着我国加入 WTO，外国物流企业将涌入中国市场，这将给我国的物流业带来很大的竞争压力。能否形成完善的社会电子化物流体系将直接关系到我国物流业在国际竞争中的胜败，也会影响到我国网络企业在产品的价格、交货、服务等方面是否拥有竞争优势。为此，必须制定可行措施和有力对策，缩小与发达国家物流业之间的差距，满足我国电子商务发展的需要。

1. 必须提高全社会对电子商务物流的认识

要把电子商务与电子商务物流放在一起进行宣传，电子商务是商业领域内的一次革命，而电子商务物流则是物流领域内的一次革命。要改变过去那种重商流、轻物流的思想，把物流提升到竞争战略的地位，注重社会电子化物流系统的发展。

2. 国家与企业共同参与，共建电子化物流系统

形成全社会的电子化物流系统，需要政府和企业共同出资，政府要在高速公路、铁路、航空、信息网络等方面投入大量资金，以保证交通流和信息流的通畅，形成一个覆盖全社会的交通网络和信息网络，为发展电子商务物流提供良好的社会环境。物流企业要投资于现代物流技术，要通过信息网络和物流网络，为客户提供快捷的服务，提高竞争力。要吸引更多的制造企业和商业企业上网，通过上网提高企业的竞争力和盈利水平，促进电子商务的发展，从而促进电子商务物流的发展。

3. 结合我国的实际情况，加强电子商务物流人才的培养

积极吸取别国物流管理研究的成功经验，向电子商务物流发达的国家学习，鼓励理论界和实务界研究电子商务物流中的难题，少走弯路，加快我国电子商务物流的发展步伐。电子商务物流人才是一种复合型的高级人才。这种人才既懂电子商务，又懂物流；既懂技术，又懂管理。加大对电子商务人才的培养力度，建立完善的电子商务物流培训和认证体系，实现高校教育与社会培训的结合，在引进电子商务物流人才的同时把有潜力的

人才派出去学习深造。

4.第三方物流发展电子商务

电子商务的发展是未来的发展趋势，而电子商务发展的关键就在于物流。第三方物流发展电子商务有自己得天独厚的优势：第三方物流企业的物流设施力量雄厚，有一定的管理人才和管理经验，有遍布全国的物流渠道和物流网络，适应性强，能根据客观的经济需要提高物流技术力量，完成各项物流任务。第三方物流企业具有物流网络上的优势，在达到一定规模后，随着其业务沿着主营业务向供应链上游或下游延伸，第三方物流企业转入网上购物的经营，有着相当大的经营优势。因此，第三方物流完全有能力向更广阔的领域延伸，自行组建电子商务网站，突破时间、空间、地域的限制，向供应商采购商品，向用户销售商品和配送商品实行营业性交易。

5.组建物流联盟，共建企业的电子商务物流系统

对于已经开展普通商务的公司，可以建立基于互联网的电子商务销售系统。同时可以利用原有的物流资源，承担电子商务的物流业务。拥有完整流通渠道的制造商或经销商开展电子商务业务，比ISP、ICP或互联网站更加方便。从专业分工的角度来看，制造商的核心任务是商品开发、设计和制造，但越来越多的制造商不仅有庞大的销售网络，还有覆盖整个销售区域的物流配送网。制造企业的物流设施普遍比专业物流企业的物流设施先进，这些制造企业完全可以利用现有的物流网络和设施支持电子商务业务。

对这些企业来讲，比投资更为重要的是物流系统的设计和物流资源的合理规划。批发商和零售商应该比制造商更具有组织物流的优势，因为它们的主业就是流通。因此，组建物流联盟是发挥生产企业和专业物流企业自身优势的最合理的一条捷径，在生产企业已有的物流设备的基础上，结合专业物流企业的物流理念和制度安排，共同建立企业的电子商务物流系统。

6. 明确网上商店和商品配送企业的财产权利

要发展电子商务，势必要对财产权利规则做出相应的改变，即对参与电子商务活动的有关经营主体的权利重新界定，合理分配和确认网上商店与商品配送企业的财产权利。可以考虑的一个方案是由商品配送企业承担商品代理采购、代为库存，继而共同承担商品配送的责任。商品配送企业通常都拥有仓库、运力以及商品保护等物流系统的一般设施和相应能力，网上商店把商品采购、运输和库存等劳务全面委托给商品配送企业，可以充分利用对方的能力和优势。这样可以保证网上商店最后向顾客销售商品的所有权人地位，但是在有关商品的实际占有、处置等方面，权利转移到商品配送企业，即实行了有关财产权利的分离。

电子商务作为一种商务活动过程，必将给现代物流业带来一场史无前例的革命，对现代物流业务管理活动产生巨大而深远的影响。对此，我们必须采取相应的对策，在促进现代物流发展的同时也促进电子商务的发展。

三、现代物流的相关知识

（一）零库存

零库存是一种特殊的库存概念，零库存的含义是以仓库储存形式的某种或某些物品的储存数量很低的一个概念，甚至可以为“零”，即不保持库存。不以库存形式存在就可以免去仓库存货的一系列问题，如仓库建设、管理费用，存货维护、保管、装卸、搬运等费用，存货占用流动资金及库存物的老化、损失、变质等问题。

零库存是对某个具体企业，具体商店、车间而言的，是在有充分社会储备保障前提下的一种特殊形式。零库存不是广义的概念，而是一个具体的概念。虽然现代科学技术和管理技术可以把零库存的控制区域，从一个车间延伸到一个工厂再延伸到相关的社会流通系统，但是在整个社会再生产的全过程中，零库存只能是一种理想，而不可能成为现实。没有社会储备的保障，没有供大于求的经济环境，微观经济领域的零库存也是很难实现的。

（二）物流信息技术

物流信息技术是运用于物流各环节中的信息技术。根据物流的功能以及特点，物流信息技术包括计算机技术、网络技术、信息分类编码技术、条码技术、射频识别技术、电子数据交换技术、全球定位系统（GPS）、地理信息系统（GIS）等。

物流信息技术是物流现代化的重要标志，也是物流技术中发展最快的领域，从数据采集的条形码系统到办公自动化系统中的微机、互联网，各种终端设备等硬件以及计算机软件都在日新月异地发展。同时，随着物流信息技术的不断发展，产生了一系列新的物流理念和新的物流经营方式，推进了物流的变革。在供应链管理方面，物流信息技术的发展也改变了企业应用供应链管理获得竞争优势的方式，成功的企业通过应用信息技术来支持它的经营战略并选择它的经营业务。通过利用信息技术来提高供应链活动的效率，增强整个供应链的经营决策能力。

（三）物流信息化的三层结构

关于物流的信息化跟物流本身的发展模式是一致的。在物流的规划方面，我们把整个物流业的发展分为三个层次。第一个层次是它的基础设施。第二个层次是它的服务平台，比如交通运输、仓储、报关等等，传统的这些物流的服务都要有一个标准化的、低成本的、高效的服务平台，供各个产业区选择。第三个层次才是真正的物流个性化、订制化的服务。它必须建立在这两个平台之上。从本质上讲，物流的服务是非标准的，是个性化的，是订制的。但是必须用到两个基础平台，这两个基础平台往往是要求标准的，要有充分的选择。

在这样的一个物流三层结构的框架下，我们的信息化相应有三层要求。最底层对信息化是要有一些标准的编码、协议、网络等基础的设施建设。第二层是要有一些信息服务平台的要求，包括运营的平台、开发的平台、服务的平台。这都是围绕信息来讲的，信息的运行，信息系统的开发平台以及信息的服务平台。这样的一些平台建设也是信息化的重要内容。第三个层次才是订制化的服务要求。这里面所要求的信息化的内容和目标，主要是一些商业职能、知识管理、数据库的挖掘等等，是一些比较高层次的信息加工方面的任务。

（四）配送中心建立信息管理系统

为了满足物流信息的信息需求，配送中心应建立五个信息管理子系统。一是销售管理系统，其主要的职能是订单处理。如采取配销模式，还应包括客户管理系统、销售分析与预测系统、销售价格管理、应收款及退货处理等系统。二是采购管理系统。如果采取物流模式，其主要职能是接受进货及验收指令；如果是授权模式或配销模式，其主要工作是面对供货商的作业，包括供货商管理、采购决策、存货控制、采购价格管理、应付账款管理等系统。三是仓库管理系统，该系统包括储存管理、进出货管理、机械设备管理、分拣处理、流通加工、出货配送管理、货物追踪管理、运输调度计划等内容。四是财务会计系统，财务会计部门对销售管理系统和采购管理系统所传送来的应付、应收账款进行会计操作，同时对配送中心的整个业务与资金进行平衡、测算和分析，编制各业务经营财务报表，并与银行金融系统联网进行转账。五是辅助决策系统，除了获取内部各系统业务信息外，关键在于取得外部信息，并结合内部信息编制各种分析报告和建议报告，供配送中心的高层管理人员作为决策的依据。

（五）电子商务环境下的逆向物流管理

在电子商务环境下讨论的逆向物流主要是指退货逆向物流，是指下游顾客将不符合其订单要求的产品退回给上游供应者的商品实体转移过程。随着电子商务的迅速发展，电子商务环境下的逆向物流已经成为一个不可忽视的问题。退货政策在网上销售时显得尤为重要，宽松的退货策略可以大大提高顾客的满意度，而在相同的退货政策下便捷的退货流程就成为提高服务质量的一个重要手段。

在传统的商品退货管理中，首先，顾客要通过电话同商家取得联系以确定商品是否符合退货要求。顾客通过电话联系商家咨询有关退货的要求，并向商家陈述商品出现的状况及退货理由。商家通常按照常规程序和经验向顾客询问问题，从中了解情况以做出判断，如果初步符合退货政策，商家要求顾客把产品寄回做进一步鉴定。然后，顾客按照商家的要求将商品连同原包装盒、说明书和其他附件一起寄回商家指定的地点。在此期间顾客等待处理结果。最后，经商家检验后给出处理结果。如果符合退货规定的，商家会按照要求给顾客退还货款；如果不符合退货规定的，商家还要再将商品寄还给顾客。

传统的退货管理存在以下问题：一是每件商品的处理周期过长（大约需要 10 天）；二是在整个处理过程中顾客不能及时了解到商品所处的状态（在途、在检验中、已退还等）；三是商品来回的邮寄过程浪费了大量的时间和金钱。

由于传统的退货处理方法存在许多问题，有人提出了一种雇佣第三方退货管理中心的退货管理，其主要为从事 B2C 的在线商家提供退货服务。实际上也是将第三方退货管理公司的后台数据库与各个在线商家网站的前端系统集成起来加快退货处理的过程，具体包括以下步骤。

消费者首先登录在线商家的网站，输入所购商品的发票单据中的购买号，查看此类商品的退货标准，判断是否符合退货要求。如果符合，填写详细的退货申请表与在线商家联系，详细说明要求退货的商品情况，包括退货原因、退货方式的选择（退款方式或是换货方式）等。在线商家确认后将告知消费者就近的退货管理中心地点。

消费者携带商品和发票单据来到退货处理中心请求退货。处理中心的工作人员根据发票单据找出销售此商品的在线商家，并将发票单据中的购买号输入退货处理终端，终端中包含连接在线商家数据库的专有软件，终端自动地从在线商家下载退货商品的退货信息及商家的处理意见。工作人员只须认真检查商品是否与退货信息一致即可。如果该商品不满足退货标准，工作人员只须在指定的位置点击“不一致”并填写不一致的信息即可。这时退货处理终端会自动生成一个在线商家给消费者的信件，该信件包括该商品不能退货的原因。如果经检查商品与退货信息一致，工作人员只须在指定的位置点击“一致”，此时终端会自动从在线商家处下载一个退货商品授权号，并打印出一封带有授权号和处理方式的信件交给消费者。

在线商家接到“一致”的指令后，根据消费者填写的退货方式做进一步处理。如果是退款方式，在线商家就马上把款项转入消费者账户；如果是换货方式，在线商家将按照消费者留下的地址重新发货。

收到退货商品授权号后，退货管理中心的终端系统会自动生成并打印一个运输标签，该标签内容包括退货商品授权号、在线商家的运输账号和商品其他相关信息，该标签上的地址根据商品退回的状况而设置，如果是完好的商品就退回在线商家，如果是有损坏的商品就退回给制造商。然后，工作人员将贴上标签的商品包裹寄出。

（六）电子物流与“三流”之间无缝链接

电子物流是利用电子化的手段，尤其是利用互联网的技术来完成物流全过程的协调、控制和管理，实现从网络前端到最终客户端的所有中间过程服务，最显著的特点是各种软件与物流服务的融合应用。电子物流功能十分强大，它能够实现系统之间、企业之间以及资金流、物流、信息流之间的无缝链接，而且这种链接同时还预备预见功能，可以在上下游企业间提供一种透明的可视化功能，帮助企业最大限度地控制和管理库存。同时，由于全面应用了客户关系管理、商业智能、计算机电话集成、地理信息系统、全球定位系统、互联网、无线互联网技术等先进的信息技术手段，以及配送优化调度、动态监控、智能交通、仓储优化配置等物流管理技术和物流模式，电子物流提供了一套先进的、集成化的信息技术手段，从而为企业建立敏捷的供应链系统提供了强大的技术支持。

（七）电子物流的前端与后端服务

电子物流的主要特点是前端服务与后端服务的集成。目前许多经销商都面临如何将前端的客户订单管理、客户关系管理与后端的库存管理、仓储管理、运输管理相结合的问题。例如，当顾客通过互联网下订单，需要物流系统能够迅速查询库存清单、查看货存状况，而这些信息又需要实时地反馈给顾客。在整个过程中，订单管理系统需要同仓储系统、库存管理系统密切地协同工作。

为了实现后台服务以及平行的服务功能，电子物流的前端服务是至关重要的。前端服务包括咨询服务（确认客户需求）、网站设计或管理、客户集成方案实施等。这部分功能是用户经常接触的。而电子物流的后端服务则包括六类主要的业务：订单管理、仓储与分拨、运输与交付、退货管理、客户服务等。

1. 订单管理

此项业务包括接收订单、整理数据、订单确认、交易处理（包括信用卡结算及赊欠业务处理）等。在电子物流的订单管理业务活动中需要通过复杂的软件应用来处理复杂的业务环节，为了得到较高的效率，订单管理业务需要做以下工作。一是确认订单来源。当电子物流服务提供商接收到一份订单时，电子物流系统会自动识别该订单的来源以及下订单的方式，统计顾客是通过何种方式（电话、传真、电子邮件等）完成的订单。当一切工作结束后，系统还会自动根据库存清单检索订单上的货物目前是否有存货。二是支付处理。在顾客提交订单后，还需要输入有关的支付信息，电子物流系统会自动处理信用卡业务以及赊欠账务。如果客户填写的支付信息有误，系统将及时通知顾客进行更改，或者选择其他合适的支付方式。三是订单确认与处理。当顾客的支付信息被处理之后，电子物流系统会为顾客发送订单确认信息。在这一切工作就绪之后，电子物流系统会对客户的订单进行格式化，并发送到离客户最近的仓储中心。

2. 仓储与分拨

仓储与分拨中心主要有以下两方面的任务。一是分拣。当仓储中心接收到订单后，就会根据订单内容承担起分拣、包装以及运输的任务。在这个阶段，有的电子物流服务提供商还会提供一些增值服务，如根据客户特殊需求对物品进行包装等。二是存货清单管理。仓储与分拨中心同时负责存货清单管理以及存货的补给工作，并由电子物流服务系统进行监测。这种服务将会为制造商提供有效的库存管理信息，使制造商或经销商保持合理的库存。

3. 运输与支付

这一步骤包括了对运输的全程管理，具体包括处理运输需求、设计运输路线、运输的实施等。这个过程同时还包括向客户提供通过互联网对货物状态进行实时跟踪的服务。电子物流服务提供商在提供运输与交付业务时也会选择将该项业务向具有运输服务力量的第三方运输公司外包。

4. 退货管理

退货管理业务承担货物的修复、重新包装等任务，这个过程需要处理退货授权认证、分拣可修复货物、处理受损货物等。

5. 客户服务

客户关系管理服务包括售前和售后服务，同时还包括对顾客的电话、传真、电子邮件的回复等工作，处理的内容包括存货信息、货物到达时间、退货信息及顾客意见。

（八）快递发货注意事项

掌握相关快递公司的详细资料，比如公司背景、相关网点等等，可以登录常用的几家快递公司网站查看。

在与买家最后敲定快递费用前，自己一定要了然于胸。价格方面基本能掌握，但在关键的重量上一定要快速准确地把握。

物品的包装要到位。不同的物品要选择不同的包装材料和包装方式，防止路上造成磨损、折皱。

掌握买家的详细地址和联系方式。地址一定要是最新的，联系方式尽可能有几种，比如手机、电子邮箱和 QQ 号。

外盒上的详情单要贴结实，一般除了贴详情单，还要在另一面用记号笔写上详细地址和发货公司。

注意实时跟踪快件的物流信息。严格地说，在发货前、货运中、收货后都应该有信息跟踪，一方面是掌握物流信息，另一方面对与客户的沟通十分有利。

注意快递公司的选择，服务、价格、速度等都是需要参考的。

四、现代农业物流

（一）现代农业物流发展中存在的问题

1. 农业物流能力增长缓慢

目前，我国农业基本上是以家庭为生产单位的小规模生产。单个农户无法适应农产品市场的快速变化，特别是随着农业生产力和农产品市场化程度的提高，农产品市场逐渐走向供大于求的买方市场，而农民获取信息的主要渠道依然是相互交流、科技人员的技术推广以及广播和报纸等传统方式。农民与市场之间缺乏有效的沟通机制，多数农户仍然根据以前的市场价格及经验来确定农产品的生产种类和生产规模，这难免与市场需求存在一定的差异。如果市场需求出现较大变化，不仅影响农产品的销售，而且会造成严重积压和浪费，从而影响农业生产整体的稳定性和农民的积极性。

2. 农业物流基础设施建设存在差距

我国农业物流硬件设施建设取得了一定成效，但与农业现代物流发展的要求相比，投入仍显不足，设施和技术仍有很大差距。在软件设施方面，新农村商网作为我国第一个农村电子商务平台为农产品流通提供了很好的服务，产生了显著效益，但其他农业网站多数信息重复采集，缺乏科学管理与维护。一些链接甚至无法打开，电子商务形同虚设，信息的滞后与失真以及信息资源不能共享等都是比较突出的问题。有些地区政府积极建设内部网站，却没有考虑如何为农民及时提供所需信息。信息渠道和网络平台的严重缺乏致使许多有关农村、农业、农民的有效信息严重滞后或匮乏，无法发挥作用。

3. 农业物流水平不适应电子商务发展的要求

我国农业生产者和经营者数量众多且分布广泛，市场组织化程度低、流通渠道长、交易手段落后，倾向于自营物流方式。农业流通企业虽然在数量上有了很大增长，但大多数规模较小，自有资金不多，以提供传统运输和仓库储存业务为主，物流设施的利用不够充分，信息化程度低，物流成本高。在电子商务环境下，农业流通企业的服务观念、质量和功能与市场需求存在较大差距，电子商务的高效、快捷、低成本等特点难以体现。

4. 农业物流的标准化程度低

与世界发达国家相比，我国农业物流标准化程度偏低，各种运输、装卸设备标准不能有效衔接，各种运输方式之间装备标准不统一，多式联运迟迟得不到较快发展；物流包装标准与设施标准之间没有协调；代表物流现代化程度的信息化标准严重滞后，制约着农业现代物流的发展。

5. 缺乏发展现代农业物流所需的管理人才

现代农业物流是一个涉及多学科、多领域的行业，具有知识密集、技术密集和资本密集等特点，涉及计算机和网络技术，对操作人员的知识水平、操作技能要求较高。我国高校开设的物流专业，比较偏重于工业物流人才的培养，虽然有许多农业类的高校，但精通现代农业物流的人才仍然相当匮乏，特别是既掌握现代物流知识、信息技术，又具备农业经营管理知识综合素质的现代农业物流人才更显缺少。

（二）发展我国现代农业物流的对策建议

1. 政府大力支持与多渠道开发并举

政府要采取措施，加强农业现代物流所需的基础设施建设，根据各地的自然条件和经济状况，在财政投入上向基础设施建设倾斜，通过各种方式推进现代农业物流的发展；要通过政策引导，对投资现代农业物流建设的企业提供具有吸引力的优惠措施，吸引有实力的企业参与农业现代物流建设，形成多元化现代农业物流建设体系；要通过调整税收政策，充分利用资本市场，促进现代农业物流的发展，鼓励有实力的农业物流企业对小企业进行收购、兼并和资产重组，把物流企业做大做强。

2. 大力发展农业第三方物流

发展专业化的第三方物流企业，能够降低流通成本，提高农产品的附加值和使用价值，增强农业竞争力。一是尽快培育和发展一批专门为农业生产全程提供物流服务的社会化的第三方企业和组织，使之成为农业现代物流发展的示范者和中小物流企业资源的整合者。第三方物流企业在发展初期可以通过让利或免费体验服务等方式，让农业生产者和经营者增强对第三方物流企业的信心。同时，应根据不同客户要求，具有针对性地设计相应的物流解决方案，在降低客户物流成本的基础上挖掘市场潜力，促进农产品增值效益最大化。二是鼓励农业产业化龙头企业之间，龙头企业与商业、运输、仓储企业间的联合，着力打造一批优势农业物流企业。三是推进传统储运企业、粮食系统企业、供销系统企业、农业系统、农资经销单位向第三方农业物流转变，并积极吸引国外优秀的物流企业加盟，壮大农业第三方物流的规模和实力。

3. 提高农业物流的信息化水平

加快农业物流信息化建设是实现现代农业物流的当务之急。首先，要构建全国集中统一的农业物流网络信息体系，搭建信息网络平台，整合信息网络资源，及时进行信息发布和网络交易，实现信息资源共享。其次，支持农业物流企业实施信息主导和技术创新战略，建立具有现代物流企业特征的商情信息资源体系、电子商务贸易和社会消费的服务体系。利用现有农村经济信息系统，建立信息主导型农产品批发市场。再次，积极引导IT厂商加大投入，并研制信息化应用系统，有效实现农业物流信息的商品化、物流信息收集的数据库化和代码化、物流信息处理的电子化和计算机化以及物流信息传递的标准化和实时化，建立农业物流网络信息体系。最后，加大物流主体建设。大力发展农业物流基地、物流园区和物流中心建设，创新物流业态，并加快农村基层物流网点建设。

4. 推进农业物流标准化建设

成立全国性的农业物流标准化管理组织，尽快消除物流标准化工作的体制性障碍，加快物流系统、物流环节间的标准组织协调工作。加强物流标准化体系的研究，明确标准化的发展方向和主攻方向，系统规划物流标准化工作，避免计划的盲目性、重复劳动和遗漏。从我国实际出发，积极借鉴国外先进物流标准，制定国内农业物流标准，并大力推进与国际接轨的农业物流设施和装备的标准化建设。加强对农业物流标准的实施贯彻和监督管理工作。

5. 培养现代农业物流人才

一是要充分利用国内各种大专院校、各级党校等教育资源，增设现代农业物流专业，举办形式多样的培训班。二是可选派业务骨干到国内外现代农业物流企业进修，学习先进的农业物流管理理论、方法和技术。三是制定切实有效的政策措施，吸引国内外物流人才加盟到我国农村现代物流行业中来。四是开展和规范从业资格培训，逐步实行现代农业物流产业从业人员职业资格制度，提高从业人员素质。

第四章　农村电商商务建设

第一节　电子商务平台建设

一、电子商务平台

电子商务平台指的是为企业或个人提供网上交易洽谈的平台。电子商务平台是建立在互联网上进行商务活动的虚拟网络空间和保障商务顺利运营的管理环境，是协调信息流、货物流、资金流有序、关联、高效流动的重要场所。

电子商务平台能够提供网上交易和管理等全过程的服务，因此它具有广告宣传、在线展会、虚拟展会、咨询洽谈、网上订购、网上支付、电子账户、服务传递、意见征询、交易管理等各项功能，

二、农村电子商务平台建设方案

（一）总体架构

农村电子商务平台的架构由四层两体系组成。四层分别是：应用层、支撑层、资源层、基础层；两体系分别是：身份认证和安全体系、运行维

护保障体系。

1. 应用层

应用层主要提供统一信息门户，为客户提供服务窗口，同时也提供平台管理。

2. 支撑层

支撑层主要提供搜索服务，对商品销售、评论等数据资源进行挖掘分析，以获得平台发展、支持、服务的可靠的决策依据，为客户、平台管理者提供邮件服务、文档管理等协同工作支撑的功能。

3. 资源层

资源层主要负责提供客户服务，协助管理者分析最基础的数据资源。

4. 基础层

基础层是平台的基本构架环境，包括数据库服务器、应用服务器（Web服务器）、交换机、存储设备、计算机网络、呼叫中心接入、有（无）线通信服务等。

5. 身份认证和安全体系

平台安全系统设计除了要对计算机网络、主机、应用系统等进行安全规划，还要对系统运行的安全设计进行规划。

6. 运行维护保障体系

运行维护保障体系包含统一性、标准性、公众服务性、专业性和权威性。因此，运行维护保障体系要把握以下三个要素：

要保持“库”的内容新鲜度；

要适应社会对“库”多样化的服务要求；

要提供简便、规范、畅通的基础数据输入（输出）手段。

（二）业务架构

合作社会员将商品介绍和在线货源等信息在农村电子商务交易平台上发布，消费者通过互联网访问交易平台，在找到满意的产品后进行在线订购，通过网络银行支付，随后将订单信息发送到物流系统，完成货物配送。

消费者也可以通过呼叫中心与服务人员进行交流咨询，平台还可以通过电子邮件，手机短信等方式和消费者联系。

（三）建设内容

农产品电子商务交易平台可以利用互联网和移动终端的优势，创新农产品交易方式，帮助农户、农业生产企业解决农产品销售难的问题，同时利用农业物联网技术实现农产品的全程跟踪和溯源，有助于提高消费者对农产品质量安全的信任度。通过农产品的平台交易系统，能够让生产者和消费者直接对接，减少了中间流通环节，也降低了中间费用，让生产者和消费者都能够得到实惠。而且平台提供第三方支付和资金托管的在线支付方式，保证了线上交易的资金安全。

平台主要功能包括：农产品发布、特色农产品展示、农产品交易、在线支付、商户评价和投诉、农产品质量安全追溯、农业设施生产管控等。

（四）农产品电子商务交易平台

农产品电子商务交易平台通过统一的信息门户，为所有的用户和功能应用提供统一的入口，针对不同的用户角色，允许其根据权限访问平台上的相应应用和信息资源，提供农产品在线搜索功能、特色农产品展示、在线交易、在线支付、前后台业务系统集成等多种功能。门户的功能、性能、使用方便程度对整个平台的实施效果有决定性的作用。

1. 农产品政策信息

农产品政策信息主要是国家出台的与农产品生产销售相关的政策，如宏观调控、地方扶植等信息。

2. 农产品市场信息

农产品市场信息以信息收集为主，如农产品价格排行、农产品价格跌涨幅、农产品交易统计、各地批发市场行情等。

3. 农产品供求信息

门户设置供求信息交互平台，商户可在平台中发布供应信息，用户可在平台中发布求购信息，通过平台特定通信方式可让双方相互联系，同时可以快速匹配两者信息，如用户发布求购信息时可以把对应的供应信息快速匹配后提供给用户供其选择。信息来源主要有以下四个途径：

管理员通过后台发布的信息；

商户通过系统发布的信息，主要是供应信息；

用户提交的信息，主要是求购信息；

通过接口从系统相关平台获取的信息，主要是政府平台和农产品生产平台（包括政策信息，农产品市场信息等）。

用户则有几种获取信息的途径，如可以通过网站浏览，通过手机APP展示、消息推送的方式和通过微信公众号或订阅号得到信息。

（五）农产品在线交易系统

农产品在线交易系统是整个农村电子商务平台的核心，提供“订购报价”“在线支付”“物流跟踪”“退货管理”“订单评价”等功能，同时，通过农产品在线交易页面可以对农产品信息进行查看，并提供新品推荐和热卖商品子页面等。

1. 订购报价

消费者可以将有购买意向的商品放入购物车，允许一次购买多件商品，也可以对购物车内的商品进行修改，查看商品的详细信息。确认要进行交易后，可以进入结算中心。在结算中心，消费者对送货地址、送货方式、时间要求等信息进行确认。系统读取消费者的积分，根据消费者的积分值判断其享受的对应打折优惠幅度后结算并报价，消费者进行订单确认，进入支付结算环节。

2. 在线支付

网上支付可以通过接入支付宝等第三方支付软件实现，也可以通过开通网上银行进行在线支付，上述支付方式都需要跟对应的支付通道签订协议并开发接口，支付接口的开发必须在完成网站建设并通过对方审核后才能进行。

3. 物流跟踪

用户可以通过网络或呼叫中心查询订单的处理情况。产品打包寄出后，可以在物流公司开放接口的前提下与第三方物流平台结合，通过读取物流数据（如货物当前处于哪个位置，预计什么时间送达等），供用户（消费者、供应方）查询。或者采用超链接的方式链接到物流公司的查询网站，也可以提供物流查询电话等方便用户查询，用户收到商品后，物流公司将商品送达的信息反馈给平台。

4. 退货管理

如果买家收到货物后不满意想要退货，可以电话联系客户服务人员，也可以登录平台填写退货申请，注明所购买的商品识别码和退货原因等提交平台管理员。平台管理员受理通过电话或者平台网站提出的退货申请。如果是电话申请，记录退货商品的识别码和退货原因等，并记录给买家的答复，需说明责任方需要承担的费用等。如果是通过平台网站提出的退货申请，则要查看申请单，判断是买家、卖家还是物流方的责任，之后再给买家答复，退货受理后通知物流，收到退货后再将交易款退还买家。

5. 订单评价

平台在收到物流公司提供的商品送达通知后，就可以指示系统发送电子邮件邀请消费者评论其近期购买的商品订单，由消费者反馈对商品的满意度，并对所进行的交易进行评价，供其他消费者参考，评分管理员可以按照评价分数跟踪用户评价，对于给出商品较差评价的用户，还可以由呼叫中心的售后服务人员对消费者进行电话回访。

（六）特色农产品展示

现代农产品种类繁多，相同农产品根据品质品牌的不同也呈现出多样化的趋势，因此需要在网站展示特色的农产品，使用户可以快速便捷地查询到适合自己的商品。电商系统需要细化分类，并以集中化模块展示。在网站上进行信息展示时，按分类模式可以分为纵向和横向两种方式，纵向是以大众传统和习惯来划分：粮油、蔬菜、水果、牛羊猪肉、家禽蛋类、水产品。横向可使用对产品的品质和产地品牌、销售方式的综合排名来划分，比如可分为：有机农产、品牌产品、地方特色、团购优惠、农产品拍卖等。

有机农产品，主要是对农产品的条件限定的查询，是否有有机认证的标志。主要包括生产商在企业登记时的有机认证标志，或在商品录入时网站对其进行有机产品认证审核，通过则给予网站有机认证标志。由于有机食品认证标准严格，必须有认证机构的认证标识。

品牌产品，指品牌性的产品，即规模化之后形成的有一定影响力的品牌的产品集中展示。一般采用品牌排列的方式给予展示。

地方特色，一般按产地排列展示各地的特色产品。用户可以选择不同的生产地以浏览该产地内的农产品。

团购优惠，按团购结束时间后倒序列出的用户可以参与的团购，用户团购报名并在到达限定人数后成功团购。

农品拍卖，按拍卖的结束时间倒序列出拍卖的农产品，用户根据拍卖的价格，按照网站限定的比例缴纳一定的保证金之后应抽，如果每次在倒计时的时间内应拍，拍卖结束的时间则需要适当延长。

（七）平台业务层管理

1. 资讯管理

提供农产品资讯展示和后台编辑管理功能，发布平台规章制度和用户操作手册等资讯。

2. 农产品管理

电子商务交易平台需要建立庞大的商品信息资源库，包括规格信息、文字介绍、图片资料等，同时关联和商品相关的评论信息、商品的点击量和购买量等，所有农产品通过后台上架，平台的管理人员可以根据平台推广的整体考虑对农产品进行分类，对会员的消费行为进行引导，也方便消费者搜索。

3. 消费者管理

消费者管理提供对个人基本信息的维护和对感兴趣的资讯订阅平台的推荐，管理员可以对所有的会员进行分组管理，以方便推荐方案的确定、宣传资料的分发等。

4. 收藏关注

消费者在浏览平台网站的过程中，可以将自己感兴趣的农产品添加到收藏夹中，并可以将收藏的内容进行分类整理。

5. 交易账户管理

记录平台所完成的每笔交易（包括交易农产品、交易时间、交易金额、付款方式等），并可以关联到售后服务评分等信息。用户可以查看自己的交易记录。

6. 资金账户管理

电子商务交易平台的支付不仅可以通过连接第三方支付平台或银行接口的方式实现，也可以通过使用资金账户中的资金直接支付来实现。资金账户管理对平台用户和平台间的资金往来进行管理，系统详细记录账户的每笔收支，计算账户余额，并提供账目清单的查询和打印。

（八）农产品质量安全追溯平台

1. 农产品安全追溯系统

该系统以溯源中心数据库为基础，以网站、手机等为手段，可以实现不同条件下的产品溯源。消费者可通过扫描或输入产品追溯二维码的方式了解产品及供应链各阶段信息，实现从耕种、管理、采收、销售等一体化的追溯跟踪管理，也有助于帮助合作社实现科学化生产，节省人工成本，提高农作物的品质。

2. 农产品安全追溯系统功能

（1）基础数据管理

平台整个运行中必需的功能管理模块。在此页面，用户根据页面提示可以对行政区划、产品、企业进行管理。

（2）认证管理

企业信息管理平台的功能模块，在此页面，用户根据页面提示可以对产地、产品进行认证管理。

（3）包装管理

企业信息管理平台的功能模块，在此页面，用户根据页面提示可以对产品的包装和加工进行管理，可以生成溯源码查看包装信息。

（4）基地准出

企业信息管理平台的功能模块，在此页面，用户根据页面提示可以对产品的生产档案、加工档案、溯源码进行管理，并可以查看农产品生产的各项信息。

（5）检验检测

企业信息管理平台的功能模块，在此页面，用户根据页面提示可以对产品的检测进行管理，根据需要导入和导出。

（6）出入库管理

企业信息管理平台的功能模块，在此页面，用户根据页面提示的产品出入库记录进行查看管理，生成二维码，对产品生产过程中的各项信息进行显示。

三、农村电子商务平台移动 APP

可以通过 APP 在线制作平台制作一个电子商务类的手机 APP，并且因为平台已经有开发好的农村电子商务类 APP 的模板，所以可以直接使用，以快速完成 APP 的制作，节约 90% 以上的成本。

四、知名农村电子商务平台

全国农产品商务信息公共服务平台 http://nc.mofcom.gov.cn;

惠农网－买卖农产品，就上惠农网 https://www.cnhnb.com

第二节　农村电子商务服务网点建设

一、农村电子商务服务网点的概念

农村电产商务服务网点，是指在农村利用电子商务平台为当地居民提供商品代购、产品代销及其他便民服务的站点。

二、农村电子商务服务网点建设所需的基础设施设备

基础设施设备主要包括电脑、终端机（液晶电视）、LED 显示屏、POS 机、背景形象墙、农产品展示柜、WIFI、扫描枪、票据打印机、办公桌椅等。

三、农村电子商务的业务范围

农村电子商务的业务范围主要包括网上代购、农产品代销、邮件代收代发、话费充值、小额现金存取、转账汇款、快递存取、水电费代缴、电商知识和服务宣传等。

在服务网点，服务人员可在农村电子商务交易平台上发布商品介绍和在线货源等信息，消费者通过互联网访问交易平台，找到满意的产品后进行在线订购，通过网络银行支付，待订单信息发送到物流系统，完成货物配送。消费者也可以通过呼叫中心与服务人员交流咨询，平台还可以通过电子邮件、手机短信等方式和消费者联系。

第三节　产品综合展示中心建设

一、农产品展示中心建设的意义

农产品展示中心的建设在宣传、展示、经营 3 个方面都有重要意义。

（一）通过宣传，打造品牌，提升知名度

通过建设农产品展示中心加大对本地特产的宣传，可以真正实现资源整合。这样既可以为特色产品塑造品牌，同时也可以提升产品的知名度，为地方经济带来多方效益。

（二）通过展示，招商引资，提升销量

农产品在展示中心展示的过程中，会吸引众多投资商，资金的融入可以使农产品在生产、种植、加工等方面的规模更广，在操作流程方面也更加规范，同时各投资商的加入会拓宽销售渠道，从而提高农产品的销量。

（三）通过经营，带动农业发展，为农民增收

展示的过程可以让更多的人知道农产品的特色和功效，对价格的提升和其他附加价值的提升都有积极的作用。一旦产品得到市场认可，将会促进当地农业的发展，也就真正实现为农民创收、增收的目的。

二、建设农产品展示中心的注意事项

（一）产品展示流程

1. 展前工作

初次建设展示中心，选址、室内设备、规模、资金、参展时间、参展产品、宣传方式等方面都应有明确的规划。所选位置要参考人流量、通风效果、交通环境，在宣传上可运用电视、报纸、网络、传单等多种宣传方式，在宣传内容上要对展示时间、地点、线路、参展产品的特色、参展价格及其他个性化服务进行说明。

2. 展中工作

在展示期间，要规划好室内布局，明确各类产品的展示区域，同时要给顾客设置休息区，参展工作要做到井然有序，产品的特色得以真正地得到展示，让顾客满意。

3. 展后工作

每次参展结束后，各部门都要针对所出现的问题及时修正，为后期的宣传、展示、经营、创收打下基础。

（二）展示中心所需设备

1. 宣传设备

宣传是非常重要的一个环节，虽然展前已经进行过传单宣传、电视和网络宣传，但现场也必须加大宣传力度，门口可摆上产品图片，同时安排人员分发宣传资料、室内安装 LED 显示屏和投影仪，让顾客随处都可看到特色产品，加深他们对产品的印象。

2. 展台设备

展台可对顾客进行指引、咨询。主展台可展示主推特色产品，并且放于显眼处，如各类产品专用展销柜等处。

3. 检测设备

由于很多产品需要称重，所以要准备电子秤便于计算，还可以准备药物残留检测仪、荧光增白剂检测仪等，消除顾客对产品安全的顾虑。

4. 交易设备

计算机、路由器、交易管理软件等可保证交易平台的正常运营，与之配套的还有智能化一卡服务、POS 机等交易设备。

5. 运输设备

根据货物的多少及路程的远近，可配备不同规格的货车、轮船，甚至可提供火车、飞机等运输服务。要注意生鲜食品和冷藏食品对温度的要求，为鸡蛋等易碎产品提供特殊包装服务等。

6. 其他设备

其他设备如监控设施以及冰箱、冰柜、停车场等。

第四节　仓储物流体系建设

一、仓储物流体系建设的基础知识

（一）仓储物流的概念

仓储物流，就是利用自建或租赁库房、场地来储存、保管、装卸、搬运、配送货物。传统仓储是从物资储备的角度定义的。现代仓储不是传统意义上的“仓库”或“仓库管理”，而是在经济全球化与供应链一体化背景下的仓储，是现代物流系统中的仓储。

（二）仓储物流的分类

1. 按仓储功能的不同分类

存储型仓储是指主要提供存储服务的仓库，存储的物资可能是原材料，也可能是半成品或成品。

流通型仓储是指除保管功能外的，面对厂商、集中客户需求实行流通加工（装配、简单加工、包装、开价、理货）及配送等功能的仓储。

2. 按储存资料类型的不同分类

生产资料仓储指生产过程中的劳动资料如机器设备、工具、原材料等的仓储。

生活资料仓储指对各种吃、穿、住、行、用等方面所涉及资料的仓储，如食品、药品、保健品、服饰、装饰品、文化用品等。

（三）仓储物流的发展过程

机械化阶段：这一阶段物资的输送、仓储、管理、控制主要依靠人工及辅助机械实现，可通过操作机械存取设备，如按动开关、螺旋机械制动和机械监视器等控制设备来运行作业，同时还可利用传送带、工业输送车、机械手、吊车、堆垛机和升降机等来移动、搬运物资，用货架托盘和可移动货架来存储物料。

自动化阶段：自动化技术对仓储技术的发展起了重要的作用，20世纪50年代末，自动导引小车、自动货架、自动存取机器人、自动识别和自动分拣等系统被相继引入到仓储管理中，20世纪70年代，移动式货架、旋转式货架、巷道式堆垛机和其他搬运设备也都加入了自动控制的行列。

智能化阶段：随着时代的发展，自动化仓储实现了与其他信息决策系统的集成，仓储技术在融入人工智能后产生了现在的智能化仓储技术。但是该技术目前还处于初级发展阶段。

二、仓储物流的具体建设

（一）仓储物流作业流程

仓储物流基本作业流程主要包括入库阶段、货物保管阶段和出库阶段。

1. 入库阶段主要作业

商品检查，核对到货物品与进货清单的质量和数量是否相符；

入库准备，对货架进行编号并将条对形码进行贴付；

保管场所标识，在流动场所放置货物时，确定入库货品的货架号后保管；在固定场所放置货物时，在贴附条形码的货架中保管。

2. 货物保管阶段主要作业

检查在库货物数量是否恰当，以便库存能够及时周转；保证正确的库存记录，确保库存信息与实物相符。

质量管理，检查在库货物是否存在质量问题，仓储环境是否存在隐患。

流通加工。按客户的要求进行包装作业，根据客户的要求贴付价格等有关标签。

3. 出库阶段主要作业

备货环节，针对装箱商品和小件商品分别划分备货区域，将备货品、客户订单逐一核实。

根据不同配送对象分拣包装，制作发货单、运送单等单据。

根据发货数量和品类进行派车，装车后进行记录确认及配送追踪。

（二）建设仓储物流所需设备

1. 装卸搬运设备

装卸搬运设备指用来搬移、升降、装卸和短距离输送物料的设备，是物流机械设备的重要组成部分。从用途和结构特征来分，装卸搬运设备主要包括起电设备、专用装卸搬运设备、连续运输设备、装卸搬运车辆等。

2. 运输设备

运输在物流中具有重要的作用，而且在入库、保管、出库 3 个作业环节皆有涉及，所以运输设备有它独特的一面。根据运输方式的不同，运输设备又可分为载货货车、铁路货车、货船、空运设备和管道设备等。

3. 仓储设备

仓储设备主要包括货架、搬运车、堆高车、出入境输送设备、分拣设备、冷藏设备、提升机、搬运机器人以及计算机管理和监控系统。这些设备可以组成自动化、半自动化、机械化的商业仓库，用以堆放、存取和分拣承运物品。

4. 包装设备

包装设备是指用来完成全部或部分包装过程的机器设备，它是产品包装机械化、自动化的根本保障。包装设备主要包括填充设备、罐装设备、封口设备、贴标设备、清洗设备、干燥设备、杀菌设备等。

5. 集装单元器具

集装单元器具主要包括集装箱、周转箱、托盘和其他集装单元器，货物经过集装器具的集装或组合后便于储存、装卸、搬运、运输和包装。

6. 流通加工设备

流通加设备主要包括木材加工设备、金属加工设备、搅拌混合设备及其他流通加工设备。

第五节　农产品质量安全标准建设

一、农产品质量安全标准

（一）农产品质量安全标准的概念

农产品质量安全标准是指判断农产品是否合格或如何从事农牧业生产的依据。

（二）农产品质量安全标准的分类

农产品质量安全标准包括种植业、畜牧业、油业等行业所涉及的技术标准，如蔬菜水果、肉禽蛋奶等。

从性质上来说，包括推荐性标准和强制性标准。

从内容上来说，包括安全类标准和质量类标准。

安全类标准主要是指影响农产品安全的物理性、化学性和生物性危害要素方面的标准。

质量类标准主要是指农产品质量标准以及与农产品质量有关的标准。从层次上来说，包括国家标准、行业标准、地方标准和企业标准。

国家标准是指由国务院标准化行政主管部门制定的需要全国范围内统一的技术标准，其管理部门为国家标准化管理委员会。

行业标准是指没有国家标准而又需要在全国某个行业范围内统一的技术标准。

地方标准是由省、自治区、直辖市标准化行政主管部门制定的技术标准，地方标准的管理部门为各省级质量技术监督局。

企业标准是指由企业制定的作为组织生产依据的，或在企业内制定适用的，一般严于国家标准、行业标准或地方标准的内控标准。企业标准由企业自行组织制定，并按省、自治区、直辖市人民政府的规定备案。

二、当前我国农产品质量安全标准化体系建设现状

（一）我国农产品质量安全体系建设

农产品质量检测体系，是农产品质量安全监管的核心体系，2006年《中华人民共和国农产品质量安全法》（以下简称《安全法》）出台，自此农业行政主管部门监管农产品质量安全有了法律层面的保障，同时，《安全法》也解决了监管部门在行使职能时，缺乏相应的安全制度、各部门职能分不明确等问题。2013年，《国务院关于地方改革完善食品药品监督管理体制的指导意见》（以下简称《意见》）出台，《意见》将食品、药品、工商、质监、卫生等相关部门的职能整合，建立了新的食品药品监管体系和机构。2013年12月，《国务院办公厅关于加强农产品质量安全监管工作的通知》（以下简称《通知》）颁布，《通知》是对《安全法》的补充与完善，又结合《意见》中关于农产品的相关规定，明确了农业各部门的职责。尤其在农产品质监部门的职责上，从产品的种植环节，养殖环节的服务、指导、监督检查，到进入市场前的各种检验，相关的行政执法，对投入品行使安全监管职能，以及突发齐件所需要的善后服务，《意见》中都提出了许多相关要求。

（二）我国农产品质量安全标准化体系建设现状

1. 农产品质量安全标准化体系建设

我国的农业系统通常由科研部门、管理部门、质监部门等组成。《意见》的出台，加大了各地质监机构的建设力度。目前，我国已有超过200余家地市级质检中心，有超过1000家的县级质检站。但是，县级以下的质检机构建设比不上市级，无论是人力、硬件、财力都比不上地市级质检

机构。

2. 相关的认可机制

《意见》是以农产品完成生产后进入市场零售市场、批发市场或者进入生产加工企业进行再加工，来决定农产品的质量安全检查由哪个部门负责。进入零售、批发市场的农产品交由农业部门负责，再加工的农产品作为食品药品交由相关部门负责。从法律角度来说，农产品的投入、产地等方面都有相关的法律规定。农业农村部的部级质检机构均要通过国家授权认可和国家计量认证，省级以下的质检机构也均须通过授权认可和省级计量认证后才能向社会公布检验数据。

三、未来我国农产品质量安全标准化体系的建设

（一）农产品质量安全标准化的意义

近年来，我国农产品质量安全通常以“三品一标”为标准。“三品”指的是无公害农产品认证、绿色食品认证和有机产品认证，“一标”则指农业产品的地理标志。“三品一标”在产品包装上便于识别，便于统一规格，在规范化生产上具有示范作用。尤其是在农业产品投入和加工环节，规范化生产基本能够形成统一的管理方式、规范的运作模式、共同实施的农产品和食品认证办法。目前，我国农产品的认证基本建立“从农田到餐桌”的全过程认证体系，国家认证监督管理委员会在全国的认证工作中起到统一监管和综合协调的作用。随着我国农产品认证数量的飞速增长，我国的企业认证和认证证书已经超过世界其他国家，在数量上达到了世界第一。“十一五”期间，我国全面启动标准化生产示范创建。农产品质量安全标准化可以使产地认证和农产品认证变得更快速、准确。

（二）农产品质量管理体系

部分发达国家对于农产品的质监比我国的经验更加丰富，从发达国家的经验来看，农产品质量追溯管理是一种有效的监管模式。通过质量追溯

管理，在农产品的生产过程中能更加及时地发现问题、查找源头、分清责任，防止不合格农产品混入市场。借鉴发达国家的经验，我国也正在努力构建自己的农产品质量追溯体系，通过搭建信息平台，对接地区与全国平台的信息，制定相应的管理规范方式，我国的农产品质监认证制度也逐步完善起来。目前，我国正逐步搭建全国性的信息追溯平台，制定配套的管理规范，积极推动龙头企业、农民专业合作社等相关部门实施农产品追溯管理。在法律法规的约束下，保证农产品的质量得到监督和管理，推行现代化的标准技术，首推“三品一标”的农产品。在“三品一标”的基础上进行质量追溯管理，力争先让“三品一标”农产品符合《意见》《通知》中的管理规定，实现带标上市、过程可控、质信可溯，以“三品一标”带动整个农产品质量安全标准建设，逐步使农业生产达到全国规模，在全国规模下生产出来的农产品都能经得住追溯管理的考验，达到质量安全的标准，真正实现农产品质量安全标准化体系建设。

第五章　电子商务服务农村经济的模式研究

第一节　电子商务平台与农村经济发展问题

只有合理地运用电子商务平台，才能够实现农村经济发展的转型，带动农村经济的不断发展。通过电子商务平台，在企业与消费者之间建立有效的沟通方式，从而在激烈的市场竞争中占据有利地位。在传统的商品竞争环境中，农村不能够及时地进行信息交流，阻碍经济的有效提升，所以只有充分发挥电子商务平台的优势，结合市场环境变化对当前的营销方式进行改善与升级，为企业提供更加精确的数据信息，才能够在企业做出各项决策的过程中提供有力的支持。

一、电子商务在农村经济发展中的重要作用

（一）有利于改变传统的经营模式

在农村经济的传统发展模式下，群众缺乏专业的销售理念与销售方式，没有稳定的销售渠道。与此同时，农村的农产品也具有一定的季节性，如果不能够在一定时间内做好产品的销售工作，就会直接影响农民的经济状况，阻碍农村经济的有序发展。在农村的销售活动中，应用电子商务平台，

才能够吸引更多的消费者购买特色产品，从而不断拓宽当前的销售渠道，为农民带来更大的经济收入。由于当前的电子商务平台，具有一定的科学性与合理性，只要确保农产品的质量合格，并且将农产品的价格控制在一定范围内，便会为农民带来更大的经济效益。

（二）**有利于对市场动态进行了解**

在建立电子商务平台的过程中，主要是运用先进的信息技术以及大数据共同完成，通过这种方式，能够准确地识别市场的变化情况。在传统经济模式的影响下，人们缺乏有效的信息通道，这就会使农民难以掌握实时的市场变化，只能够通过固有的营销方式开展相关的生产经营活动。但人们的生活水平在不断提高，对于农产品的要求也越来越高，在这种形势下，必须要严格按照市场环境的变化，通过电子商务平台来给予农民更多的帮助。在电子商务平台的运行过程中，如果相关的农产品已经不能够满足实际需求，就必须要结合实际情况，改进当前的营销手段，拓宽当前的有效渠道，从而完成当前的产品销售工作。对于农民来讲，通过电子商务平台，能够与商户进行直接进行沟通，另一方面，由于线上支付具有一定的安全性，也能够为双方提供有力的交易保障。

（三）**有利于实现农村产业聚集**

从我国电子商务的发展情况来看，虽然已经较为成熟，但面对激烈的市场环境，必须要对当前的服务体系进行有效的升级，才能够更好地带动农村经济的发展。建设相应的产品聚集基地，通过开发本土特色农产品，发挥品牌效应的作用，能够给客户提供明确的选择方向。对于当地产品的生产商，也可以建立互惠互利的模式，如果出现货存问题，也要及时地采取措施进行解决，打造更具特色的服务体系。

（四）转变交易形式

在农村经济的发展过程中，由于传统的交易模式存在众多的问题，在这种情况下，便难以提升交易的效率。首先，在销售的过程中，难以拓宽销售范围，由于具体的客户比较固定，虽然已经在发展过程中建立了密切的合作关系，但如果在合作过程中出现问题，或者受到一定的影响，很容易导致经济损失。由于农产品的独特性，很容易受到环境以及气候的影响，如果在运输过程中产生了延迟现象，也难以保障农产品的质量，从而阻碍产品的顺利推广。在相对偏远的农村地区，由于缺乏完善的市场信息，便不能及时做好产品的销售以及推广工作。与此同时，由于农村的交易形式缺乏便捷性，在这种情况下，产品销售以及资金结算的各个环节，都会存在一定程度的滞后性，并且客户也难以全面地了解产品的实际情况，便缺乏对于产品的信任程度，难以开展长期的合作。与传统的交易模式相比，电子商务具有更大的优势，有利于对传统的交易状况进行改进与升级，有利于解决传统交易过程中的各类难题，对于客户来讲，只有合理运用互联网技术，通过电子商务平台及时地了解商品的状况，并能够结合自身的实际需求进行线上支付，使商户不断拓宽当前的销售渠道，并能够开展更多的商务合作。在这种经营模式的指导下，能够使农民了解更多的商业信息，对商品销售的各个方面进行细致考察，从而增加农村的销售渠道，有效地带动农村的经济发展，提升农民的经济收益。

二、电子商务在农村发展过程中出现的主要问题

（一）农民缺乏对于电子商务的认知

由于当前城乡的发展水平还具有一定的差距，农民的文化水平相对较低，在这种情况下，就会使农民很难投入到现代化的农业生产过程当中，也没有一定的实力有效地对信息化技术加以运用，从而阻碍了农村经济的快速发展，一直处于比较被动的状态之中。与此同时，农民没有对电子商务进行充分的了解，缺乏相关专业水平与综合素质，便难以接受新的电商平台，从自身认为电子商务系统不具备较强的安全性与合理性，如果农民始终受到传统影响的束缚，不对当前的电子商务设施进行相应的升级与改建，也没有积极引进更加先进的人才用于电子商务的管理，也很难使农村

的电子商务实现可持续发展。

（二）缺乏完善的物流体系

产品交易作为电子商务发展中的核心内容，在实际运营过程中，主要涉及资金流、物流以及信息流等环节，只有对产品交易的流程进行完善，才能够有效地带动农村经济的发展。在电子商务的运营过程中，必须要完善当前的物流体系，由于部分农村地区受到地域的限制，相关的配送范围也有限，这就很难扩大物流的覆盖面积，形成相对混乱的局面。除此之外，由于市场较为分散，不同行业之间具有较强的独立性，并不能建立更加密切的联系，运输过程也难以通畅，在这种情况下，即使农民信息技术开展经营，也会受到很大程度的阻碍，如果物流体系始终得不到完善，便难以在农村地区进行电子商务的普及。所以必须要改善当前的交通运输状况，才能够为产品的销售与经营奠定坚实的基础。

（三）缺乏政府相关政策的引导

在农村电子商务的发展过程中，由于缺乏更加先进的技术支持，便会存在电子商务应用不足的情况，难以提升当前农村经济的发展水平，出现这些问题的原因，是缺乏更加严谨规范的政策。在农村以及企业的发展当中，如果缺乏有力的政策支持，也缺乏更加先进的人才，无法针对农村的实际情况进行资金扶持，就会在农业的调整过程中出现各类问题。除此之外，由于农民自身的经济水平也有一定的限制，在这种情况下，会缺乏对电子商务平台投资的积极性，不利于产品的开发与销售。

（四）缺乏完善的监督体系

从当前的电子商务环境来看，由于平台的产品具有一定的复杂性，在电子商务的发展过程中，环境也越来越复杂，商家的数量急剧增加，产品的种类也丰富多样，对于运营商来讲，也难以逐步对商家进行详细的审查，不法分子借机牟取非法利益，难以实现电子商务在农村地区的有效推广，不利于提升平台的管理效率。在这种情况下，便很容易出现各类违规行为，导致假冒伪劣产品也出现在电子商务平台当中，从而难以维护商家的信誉。

由于电子商务缺乏必要的监督体系，所以才会使当前的管理模式出现混乱，难以树立良好的商家形象，使农民难以对当前的营销环境产生信赖，阻碍农村经济水平的高效发展。如果在电商平台发展过程中，商家以及客户都处于流失的局面，在这种情况下，农民也不会选择电子商务来对相关的农产品进行管理与销售，依旧沿用传统的销售模式，从而形成恶性循环的局面。如果不能够建立更加科学合理的监督体系，便会影响电子商务平台的经济效益，难以带动农村经济的快速发展。

三、在农村经济发展中有效运用电子商务的主要措施

（一）提升对于电商的宣传力度

为了使电子商务在农村获得更好的发展，必须要提升对于电子商务的宣传力度，从当前农村的实际情况来看，由于农民的文化水平相对较低，针对这一情况，必须要通过各种有效措施，提升农民的专业水平，可以通过开展相关的培训工作，聘请专家对农民进行专业的培训，以提升农民的综合素质，从而使农民能够真正掌握电商平台的各项操作流程，为客户提供更好的服务。除此之外，农民应该加深对于电子商务的了解，意识到电子商务的重要意义，对于电子商务的各项政策以及行为规范进行具体了解，从而尽快实现农村经济的转型。另一方面，也要建立健全相应的奖惩制度，针对没有遵守规则的相关人员，也要采取严厉的惩罚措施，以确保电子商务平台的安全性与合理性。

（二）完善当前的物流系统

要想实现电子商务的高效运行，必须要完善当前的物流系统，一般情况下，物流设备主要包括以下几点：通信设备、运输设备、存储设备等。只有对上述的基础设施进行完善，才能够在农村的经济发展中，充分发挥电子商务平台的重要作用。由于部分农村地区的交通会受到一定的限制，为了促进电子商务的有序进行，必须要加大扶持力度，对当前农村的道路

进行整改，为电子商务提供更加优质的交通条件。除此之外，在完善基础设施的前提下，也要积极学习先进的物流技术与物流经验，引进更加科学合理的通信设备，以便于农民能够及时地掌握市场的有效信息，从而结合市场环境的不断变化，制定出与物流系统相适应的运营方案。

（三）积极倡导惠农政策

为了实现现代化的管理模式，提升农民的整体收入，地方各级政府必须要对当前的惠农政策进行强化，充分运用先进的信息技术，大力宣传惠农的相关理念，针对需要扶持的弱势群体，也应该给予更多的帮助，使全体农民都能够更加积极地投入到电子商务当中，在具体的操作过程中，只有提升农民的专业技能与综合能力，真正掌握电子商务的各项操作内容，才能够为促进经济的发展提供有力的保障。虽然当前电子商务为群众带来了众多的便捷，但依然存在一些急需解决的问题，只有建立健全更加有效的监管体系，才能够提升电商平台的科学性与规范性。

（四）建立更加合理的监督体系

从当前电子商务的监督情况来看，虽然已经初步制定了相关的监督体系，但仍然处于初步发展阶段，还存在着一系列急需解决的问题，针对当前的监督团队，也需要通过合理有效的措施进行改进与升级，以提升营销环境的安全性与合理性。要想建立起更具规范化的监督团队，作为运营商来讲，首先应该结合当前监督管理的实际情况，对产品的类型以及层次进行精细的划分，以便于进行更好的监管。对于企业来讲，也要定期为监督人员开展相关的培训工作，以提升工作人员的工作积极性与主观能动性。对于监督人员来讲，也要从自身做起，树立不断学习的意识，通过各类合理有效的渠道丰富自身的专业能力，充分发挥监督人员的职能优势，以便于完善当前的监督体系。只有针对在运营过程中出现的一系列问题，及时地进行解决，维护好客户与企业之间的关系，才能实现双赢的局面，吸引更多的商家以及客户有效的运用电子商务系统，促进农村经济的有效转型，为农民提供服务性强、专业性高的电商平台。

在我国当前的经济体系当中，农村经济起着极其重要的作用，对于政府来讲，必须要意识到农村经济的重要作用与实际意义，提升对于农村的扶持力度，通过科学合理的有效措施，将电子商务平台融入农村各地产业的发展过程当中，从而促进当地经济的健康有序发展。对于当地的企业以及农民来讲，必须要从自身做起，不断提升自身的专业素质与综合技能，紧跟当今时代的变化，对当前的营销手段进行相应的改进与创新，才能够在激烈的市场竞争中处于有利地位，确保电子商务能够在农村经济发展当中发挥更大的优势，实现农村经济的稳定发展。

第二节　电子商务对农村经济发展的作用

在计算机技术、互联网技术的支持下，电子商务得到了快速发展，通过电子商务完成线上商业交易，不仅提升了交易活动频率，也提升了经济收益。因此，从转变传统农业生产不足出发，利用电子商务为农村提供全新的销售渠道，为农业经济发展提供新的发展方向。

一、电子商务促进农村经济发展的作用

（一）转变传统发展模式

传统农业很容易受到天灾等因素的影响，加之一些地区信息不通，在发展规模上不仅存在分散性、初级性、深入性不足等问题，还存在产品质量不稳定的问题，所以难以实现标准化生产目标。但是在市场经济的快速发展下，需要从农业生产问题出发，找出其中的弱点，建立有效的信息流通规范，打造高效的生产模式，为农业稳定发展提供支持。而电子商务作为一种高效的发展模式，能够及时解决生产中存在的信息沟通问题，为农业经济发展提供稳定的平台。

（二）提升信息沟通速度

在研究中发现，一些地区依然以传统家庭式生产模式为主，生产规模相对较小，且农业生产人员，习惯按照经验参与生产活动，缺乏对市场需求的掌握。对于电子商务来讲，通过建立适合的发展平台，能够摆脱传统时间、地域等方面的限制，不论是供求方还是需求方，都可以借助平台直接沟通，掌握产品实际情况。电子商务为农业生产人员掌握市场信息情况提供了支持，也可以在满足行情发展的基础上参与科学的生产活动，降低农业生产风险。

（三）延伸产品销售渠道

农产品流通环节涉及的内容较多，现阶段未建立专属的流通体系，表现为成本消耗高、销售渠道少等问题。对于家庭式农业生产来讲，还存在着规模小、直接进入市场的可能性较低等特点，难以把握信息、了解价格，容易出现经济损失。对电子商务来讲，能够帮助农户直接掌握产品相关信息，避免了因信息不对称等问题产生的经济损失，确保了销售渠道的完善性，提高了农产品流通的规范性。

（四）打造新型销售模式

在一些地区中，农产品销售主要以传统模式为主，而对现有市场的调查、评估等不全面，难以满足市场经济发展需求。对于电子商务网站来讲，生产人员利用网络平台开展广告、销售等工作，不仅可以提升销售量，而且可以获取更多的经济利益。从另一层面来讲，打造新型销售模式还可以为其他行业发展提供支持。

二、电子商务促进农村经济发展的策略研究

（一）鼓励农民积极参与

新时期对农村经济发展提出了新的要求，通过发展电子商务，来实现多元化致富发展目标。

第一，转变思想观念，向着新型农业发展。运用电子商务帮助农民转变传统身份与角色，从原有的生产者转变成为生产销售一体的角色。为此，在发展中需要转变观念，正确认识到电子商务的促进作用，在适应电子商务发展模式的基础上及时调整生产方向。只有不断发展电子商务，才能激发农民参与生产的积极性，转变传统销售方式，在响应号召的同时实现创新发展目标。因此，在发展中应当主动运用网络，寻找发展商机，完善各项流程，打造出长远的销售渠道。利用电子商务可以更好地安排生产计划与时间，激发生产主动性，提升经济收入。

第二，主动学习相关知识，掌握科学技术。想要促进农村经济发展，就要从展现电子商务优势出发，引入专业的电商人才。由于一些地区中的现住人口存在老龄化现象，导致对电子商务的认识与理解不足，使得电子商务发展速度过于缓慢。从组织农民学习电子商务知识入手，掌握操作技术与方法。在互联网的快速发展下，需要运用高科技产品与技术，积极参与培训班等，学习专业知识。在生产力的不断发展下，就要从完善各个环节出发，确保农民能够掌握先进的知识与技术，逐渐提升自身的竞争实力。

第三，在发展电子商务时，因农民属于主要的参与人员，所以就要鼓励农民积极参与，为农村经济发展提供支持。首先，应当展现农民主导性，确保其能够掌握电子商务知识，在加大素质教育力度的基础上鼓励参与电子商务活动，尊重农民意愿，在提升思想水平的基础上实现长远发展目标。但是发展的同时也要明确农村电子商务在发展中需要解决的信贷风险问题，为了确保营销工作的顺利开展，就要从做好风险判断出发，利用电子商务系统针对实际情况进行准确判断，锁定目标群体，做好数据分析，获取定量结构。其次，在开展营销活动时需要做好数据方面的解读，转变传统营销模式，获取相关数据与信息。借助大数据技术，能够帮助工作人员获取相关知识，从不同层面针对所得数据进行分析，从而提升办事效率。在处理环节中需要掌握时机需求，确定发展主题，做好数据研究工作。

第四，提升安全意识教育。只有保证网络的安全性，才能促进电子商务的发展。而对于一些农民来讲，因自身专业知识与能力不足，难以针对网络进行准确辨别，使得经济发展受到了直接的影响。为此，在现阶段发展中应当从掌握电子商务知识出发，加大交易与宣传力度，在培养安全意识的基础上识别骗局等。

（二）**做好引导与规范工作**

首先，应从引导层面出发，确保农村电子商务的稳定发展。电子商务对促进农村经济发展有着直接的影响，需要国家、政府等做好引导工作。因电子商务在发展中涉及了公共设备，而农村中的生产者并不具备相应的能力，所以就要发挥专门机构优势，在主动建设与完善中进行创新。由于一些地区在公共物资方面存在着一定的不足，资金方面难以满足发展需求，所以在发展中需要发挥政府主导作用，完善服务体系与政策，在加大投入力度的基础上为电子商务发展提供支持。其次，发挥第三方平台优势。从延伸发展规模出发，打造专业化服务模式，利用公共服务组织，确保发展的稳定性。对于第三方平台自身来讲，需要从提升服务专业性与实力等方面出发，营造适宜的商业环境，为网络信息交流等工作的开展提供一定支持。最后，积极开展宣传与规范工作。由于一些农村地区经济发展速度相对缓慢，且生产人员自身综合实力不足，使得电子商务作用并未全面发挥。但是在新时代发展下，为了促进农村经济发展，就要从加大宣传力度入手，确保农民能够正确认识到电子商务的优势，在积极参与的基础上实现发展目标。如在当地张贴海报，利用广播进行宣传，帮助农业生产者掌握相关信息等。

综上所述，现阶段要加大对电子商务发展的研究力度，为农村经济发展提供支持，实现脱贫攻坚发展目标。因此，在研究中需要掌握当地发展情况，找准电子商务模式切入点，在做好完善与创新的基础上实现发展目标。

第三节 电子商务对农村经济系统的影响

原始的农村经济生产方式落后、生产效率低而且销路狭隘单一，受商贩定价制约影响大，利润很低，且常常因为找不到销路而造成农产品大量滞销，这对我们国家正在全力实行的乡村振兴战略和全面建成小康社会的目标造成极大的困扰。为了解决这一难题，国家积极出台各种政策帮扶贫困农村，真正取得成效的还是互联网发展下的电商平台。积极发展农村电子商务将有利于加强互联网与农业农村融合发展，引入产业链、价值链、供应链等现代管理理念和方式。

互联网的发展给我们的交通运输业、实体经济、餐饮娱乐业、教育都带来了有目共睹的变化，尤其是以互联网为支撑的电子商务平台更是给实体经济带来了巨大的冲击，线下门店销售额大幅度下滑，线上购买力不断增强。一些网络直播平台和主播借此机会，大力发展直播带货，引发了直播经济的热潮。而这股热浪不仅仅席卷购买力强的大城市，给具有消费潜力的农村也带来了翻天覆地的变化。送货上门服务和热情亲切的服务态度让人们逐渐接纳电商平台。广大农民也看到了这个机遇，用网络平台直播带货，将农副产品由线下批发转换为线上零售。这种经济形式的转变对农村经济系统的影响也是巨大的，首先开拓新思路，打开市场销路，让偏远地区的农产品有了竞争力。其次电商平台的使用简化了交易流程，降低销售成本，增加利润。最后拓宽村民视野，提供更多的就业机会，让每个人都能劳有所得。

一、广开销路，提高了产品的知名度和竞争力

将农产品由传统的线下批发转换为线上的零售，在电商平台上有更多

的人看到商品，比如拼多多这个平台以价格低、产品新鲜、原产地直邮闻名。在拼多多平台上许多偏远落后地区的特色农产品得到全国各地人民的青睐，比如河北阜平和山东的苹果，都打开了知名度，吸引消费者多次购买这些物美价廉的产品。一些平台更是推出扶贫专栏，将一些木耳菌类等山货纳入商品专栏，给消费者更多的选择权。

电商平台的推广更是让市场秩序得到良好控制，不再是从前的商贩定价，让农民实现了利益最大化，农产品的销售不再局限于商贩的大量批发，使他们无法压低市场价，低价买高价卖，从中牟取暴利，并以拒收农产品要挟农民。

一些地区为了更好地适应市场，提高自身竞争力，创造了自己的特色品牌，比如河北枣能元食品有限公司，以"高品质、原材料、精加工"为宣传口号，在当地大面积种植大枣，然后现采现加工，满足老百姓对绿色食品的要求，走出了特色道路，获得品牌竞争力，在拼多多、淘宝等平台十分火爆。家庭经营的农户是发挥主导作用的主体，实体公司是农村产业化的基础，而电子商务平台所代表的互联网是带动农村产业化的引领力量。

二、加速城乡协调发展，缩小收入差距

农村互联网"村村通、家家通"带来了许多的便利与机遇，而驻村书记的到来更是带来了更多的创新想法、发财致富之路。积极组织学习先进的种植技术、观摩自动化机器，让村民了解农业现代化，走机械化和自动化道路。电子商务也为农村发展提供了许多的新兴资源，对农产品的生产体系和农村经济的产业体系带来难以估量的积极影响。开展乡村旅游休闲农业和创意农业，不仅可以线下采摘还可以线上订购、预定。农村的收入水平呈直线上升，城乡的收入差距逐渐缩小。

三、提供众多就业岗位，真正实现劳有所得

农业产业模式发生改变，许多村里建起了工厂，利用当地特色产品再加工成农副产品，提高农产品价值，增加利润，也为许多赋闲在家的村民提供了就业岗位。如今工厂里都是大机器生产，对劳动力的技能要求低，都是流水线作业，可以让一些没有经济来源，岁数较大的村民到工厂里上班，实现在家门口就业。同时也在一定程度上避免了劳动力的流失。工厂的开设也保证了村民每个月都有经济来源，村民有了生活保障，工作就有激情，生活幸福感、获得感、安全感得到提高。

乡村产业的发展可以吸引更多的大学生人才回到家乡，发挥他们的特长和专业，特别是农业农林、水产养殖、兽医等专业，理论知识与实践经验相结合，研究出更加先进高效的农业生产技术。借助互联网的影响，宣传村里的变化，也让村里提高知名度，成为走在时代前列的先锋，吸引更多的外来人员参观，带动品牌的宣传和认知。拍一些短视频到网络平台上，让更多的人看到生产过程，保证让消费者吃得放心。

四、形成结构严谨的产业链，规划农村管理

单一售卖农产品利润低，只有将农产品再加工、深加工，才能提高它的产品附加值，让农民的利润得到大幅度提高，这样对农村的管理也可以更加规范化、制度化。如河北某蜂蜜公司是一批养蜂人开设的公司，自己养蜂酿蜜，打造自己的品牌，将其先线下推广，在遭到拒绝后转移到线上销售，获得了许多的客户，养蜂人都受益良多。如果像以前一样单独售卖给回收蜂蜜的人，他们的利润绝对不会有公司分红多。如今他们开设养蜂场和蜂蜜加工厂，甚至将蜂蜜再加工，制作成小零食，形成了一条龙的产

业链。优化管理模式，有利于农村发展的规模化、系统化，每一家都不再是独立的个体，而是相互帮助、共同盈利的关系，让农村经济发展得更加有特色。

五、机遇下的挑战

虽然电子商务给农村经济系统带来了一系列的好处，让农村经济实现了高质量发展，许许多多的农民因它而脱贫致富，走向小康之路，许多地方政府经济因它而兴，成为模范县，打造了特色产业，但是机遇和挑战是并存的，它带来利益的同时也带来了很多的隐患。比如说对产品质量把控不严，销售的农产品良莠不齐，还有农民做网络主播容易夸大其词，有时候用词不当，甚至不经意说出一些低俗词语。此外网络主播这个职业的兴起，让许多村民觉得坐着说说话就可以赚钱，因此不愿意下地劳作，对种植业形成威胁。

（一）农产品质量得不到保证，不利于吸引回头客

成熟的农产品肯定会有质量差一些的果实，而有些村民会怀着侥幸心理，以次充好，忽视了消费者从网络平台购物的真实需要，导致口碑下降，不利于吸引回头客。例如在拼多多上，很多消费者反映刚开始买的水果又大又甜，可是后来的水果明显差了很多，向平台投诉，问题也得不到切实有效的解决。或者随着扶贫产品的热销，趁机大幅度涨价，这样就流失了很多的客流量，让好不容易建立起来的口碑和良好印象大打折扣，让人们对扶贫产品失去信心。

（二）过分利用消费者同情心，引发消费欺诈质疑

在一些 App 广告上经常看见一个老人的头像，身后是大量积压的农产品，旁边写着“帮帮老人吧”之类的广告词，刚开始大家都觉得这位老人很可怜，都踊跃购买商品，质量差一些也没有计较，可是后来越来越多的商家如此行事，反将客户投诉的质量问题，定义为没有同情心，进行道德

绑架。如此行事，滥用消费者同情心，以次充好，容易导致消费欺诈，让人们对于扶贫产品敬而远之，不敢买，不想买。对于真正积压的产品也持怀疑态度，不利于农村经济的进一步发展，让路越走越窄。

（三）**主播职业的兴起，不利于村民坚持劳作**

随着电商平台的兴起，许多能说会道的村民在镜头面前做起了主播，每天和看直播的消费者聊聊天、侃侃大山，偶尔推荐一下农产品，就能从观众刷的礼物中获得不小的利润。人们觉得这样挣钱快，就不想再下地劳作，产生好吃懒做的现象，并且在直播过程中，满嘴跑火车，说出一些不当词汇，对网络环境造成污染。长此以往，农村村民思想懈怠，拒绝劳作，又会回到贫困的生活，好不容易致富也可能再次返贫。

（四）**农村管理体系难以形成，不利于经济结构的转变**

城市与农村最大的区别就是管理上的区别，农村村民的一些风俗习惯和思想习惯根深蒂固，转变起来很难，在农村形成简洁、高效、明确的管理系统也十分困难，尤其是工厂，很多村民进入工厂工作，容易形成裙带关系，小集体、小团队，排挤外村人和外地人，不利于工厂的管理。许多村干部思想落后，没有先进的管理理念和管理模式，让经济结构转型变得异常艰难。

电子商务的热潮总的来说利大于弊，在扶贫工作中发挥了巨大的作用，扶贫产品也让“先富带后富”的口号实践起来，让许多村民走出贫困，获得生活保障，同时，让村民走出大山，看到外边的世界，开阔了视野，学习到了更多的技能，丰富了精神世界，也转变了传统小农经济的落后性、制约性。

第四节　利用电子商务发展农村经济的策略

所谓电子商务本身就是一种现代商业模式，且这种模式主要是利用计算机、光纤等硬件设施，通过互联网平台实施相关的商务活动。也正因如此，电子商务具有服务质量较高、传递速度较快等显著优势，可以更好地促进各个商务环节之间的良好沟通，进而最大限度地满足销售者与消费者之间的供需要求。尤其是我国农村经济步入互联网经济时代以来，电子商务在农村经济发展中起到了关键性的作用，逐渐成为调整与升级农村经济结构的重要手段。也正因如此，深入研究电子商务，使其更好地应用在农村经济发展中具有十分重要的现实意义。

一、推动农村电子商务发展的必要性

第一，有助于加快农村生产方式的转化进程。面对全球经济的迅猛发展，我国的农产品销售要想在激烈的全球性农产品市场竞争中得以生存发展，就必须全力抢占更多的国内外市场，而这就需要我国的农产品销售改变故步自封的局限性，将自身的发展目标与发展眼光放得更加长远，坚定地走向全球市场。尤其是现如今农业企业市场竞争早已不再局限在单纯的产品与服务竞争之上，而是转为不同商务模式以及不同产业链之间的相互竞争。因此，这就更需要利用电子商务，加快农村生产方式的转变，从而来解决小规模生产以及社会化大市场运行过程中存在的实际矛盾，更好地带动农村经济走向全球市场，提高我国农村经济的核心竞争实力。

第二，有助于加快农业信息的有效流通。对于我国而言，现如今仍然有不少的农业生产主体，以家庭单位作为主体进行小规模的生产作业，这就导致了农业生产者之间缺乏足够的信息交流，进而造成农业市场信息的不对称问题。信息不对称，又会造成农业产品供需不平衡，导致部分农产品的产量以及价位极易出现较大的波动问题，这俨然已经成为制约农业、农村经济可持续发展的重要因素之一。所以，必须要积极推动农村电子商务的发展。这是因为推动农村电子商务，不仅能够使农产品的供需双方获得更多的信息交流，掌握第一手的信息资料，最重要的是能够让农业生产者更加清楚地了解并且掌握农业市场的相关发展动态和迫切需求，进而根据整个农业市场的实际情况制定更加科学合理的生产方式，以此避免出现产量、价格大幅变动而给自身造成的经济损失。因此，推动农村电子商务的开展，能够有效推动农业信息的有效流动，同时也是合理规避农业生产风险的一种有效手段。

第三，有助于开发更多的农产品销售渠道。纵观我国农产品的实际销售情况，可以清楚地意识到销售渠道过窄、销售环节过多、交易成本过高等都是最为显著的问题。尤其是部分农业生产者，因为其本身的生产规模相对较小，根本无法直接进入农产品市场中。这就需要利用电子商务，推行农村电子商务，打造电子商务网络交易平台，以此实现农产品流通的规模化，让交易双方站在信息的对等面，以避免出现因为信息不对称而造成的利益纠纷。特别是利用电子商务本身的优势，还能够最大限度地简易农产品销售环节、控制交易成本，并且将农产品更好地推广出去，与更多的需求方相互合作。所以说，农村电子商务的推行与发展，不仅是对传统农产品销售方式的一种良好补充，更是拓展销售渠道以及提升农产品流通效率的重要手段。

二、利用电子商务加快推动农村经济发展的建议

第一，政府引导构建电子商务平台，对特色商务项目给予针对性的扶持。电子商务对发展农村经济有着不可忽视的重要作用，但也并不是所有的农村地区都适合大力发展电子商务。所以，在利用电子商务加快推动农村经济发展的过程中，政府应该有针对性地进行扶持，对于一些特色的电子商务项目要给予高度的重视以及一些政策性的优惠扶持，切实帮助农户们解决电子商务的融资难、贷款难等相应问题。而对于一些贫困地区则优先做好地区基础设施的打造，帮助其优先完善自身的网络以及道路交通情况。同时，政府还要在农村电子商务发展的过程中，发挥重要的引导作用，指导农村电子商务平台做出正确的定位，保证供需交易双方合作的正常进

行。为此可以由当地政府牵头引导构建电子商务平台，主动将农产品信息推送至消费者、相关企业。以政府牵头一方面可以避免出现信息不对称问题，另一方面也有利于规范市场交易，防止出现农产品供应过度或者是挤压等不良现象，确保农产品交易的可持续发展。

第二，做好农村基础设施的建设工作。做好农村基础设施的建设，可谓是发展农业电子商务的关键所在。尤其是打造一套高效率的农村物流体系，不仅可以缩短农产品销售的流通时间，还能够有效增加农产品的附加价值。所以，利用电子商务发展农村经济的重要前提，是要做好农村基础设施的建设，打造现代化物流配送体系。尤其是在传统农产品物流配送过程中，由于农产品本身的种类繁多，生产单位相对较小，组织化程度相对较低，也就造成了物流技术难度相对较大。为此，农村或者是当地政府可以借助现代化智能技术与设备，建立农产品物流集散中心，打造智能化、数字化物流供应链，通过数字化交互实现供产销各个环节之间的无缝对接，以此通过标准化物流管理，缩短物流的在途时间。同时，还可以与各大物流公司进行资源整合，优化资源配置，以降低物流成本。

第三，加强对农产品特色品牌的建设。随着近些年来电子商务的迅猛发展，现如今的消费者无论处于何时何地均能够购买到自己心仪的物品。也正因如此，要想保证农村电子商务的可持续性，真正利用电子商务，推动农村经济发展，就必须要借助自身的地方特色优势，打造出具有自身竞争力的农产品特色品牌，而这个特色品牌恰恰就是农产品软实力的重要体现。所以，在农村电子商务的开展过程中，必须要根据当地的产品特色优势，采取差异化的销售策略，加强对农产品特色品牌的建设。尤其是农产品本身的种植与产出具有明显的季节性，这就需要相关工作人员打造出种植与销售联合体，通过跨区域的联盟作战，保证农产品的可持续销售。并且在电子商务平台的策划与运营上，可以引进优秀的商业化团队，对本地区的农产品加以包装，对农产品的情况进行深度地挖掘与宣传，避免千篇一律的简介，以提高农产品本身的社会知名度。如阳澄湖大闸蟹、云南的保山咖啡豆等，他们所打造的电商销售网络都是十分成功的典型案例，可以用来参考借鉴。也就是说，在地区农产品的推广与品牌构建上，同样可以利用国内先进的冷链物流运输能力，以及电商平台的网络覆盖能力，将自身的农产品推向更远的市场。

第四，加强并且完善对农村电子商务人才的引进。对于农村电子商务而言，其发展的根基便是电子商务人才。也正因如此，要想切实做好农村电子商务工作的开展，利用电子商务加快推动农村经济发展，首先就应该具备能够切实做好农村电子商务工作的人才。这就需要加强并且完善对农村电子商务人才的引进策略，注重对电子商务人才的培养，使电子商务人才能够留在农村，为农村电商的发展贡献出自己的一份力量。而要想做到这点，首先应该构建科学的人才引进机制，可以利用优惠创业政策或者是人才引进政策，鼓励毕业大学生或者是具备优秀电子商务能力的青年才俊参与到农村经济活动中，带动农村电子商务的发展，以此人才优惠政策弥补农村缺乏人才吸引力的问题。同时，还应该打造完善的人才培养机制，地方政府可以联合高校、企业，对当地农户开展电子商务相关知识培训，让农户能够初步掌握网店的运营与管理，并且在有意向学习的农户中培养几名优秀管理者，作为农村电子商务运营管理的本土人才，给予一定的政策性优惠。

从电子商务在农村经济的实际发展情况就可以清楚地意识到，电子商务给农村经济发展带来的好处是实实在在的，是能够真正帮助到农业企业、农业产业良好发展的举措。所以，在今后的工作中，更要加强对电子商务的研究，使其能够在农村经济发展中得到更为深入的应用，完全实现农产品的自动产生与网络实时化销售，同时还要强化对电子商务平台功能属性的有效延伸，以便充分借助电子商务所具备的优势推动农村经济发展。

第六章　电子商务服务农村经济的创新研究

第一节　电子商务对农村经济的有效激活

一、农村电子商务迅速崛起

近年来，中央“一号文件”多次提及加强农村电子商务发展，国务院和地方出台了多项政策，大力推进“电子商务进农村”，一些大型电商企业纷纷布局农村市场，反映出各方对农村市场的高度重视。一系列大力发展农村电子商务，支持电商扶贫等政策措施的实施，使互联网深入农村腹地，推动农村消费升级和相关产业发展，促成了农村电子商务的迅速崛起。

（一）农村电商保持快速发展势头

随着“三网融合”、物联网、大数据、云计算等创新技术的广泛使用，涉农电商规模向多样化发展，与智能农业、智能流通、智能消费连接成一个有机的整体，涉农电商服务环境日趋改善。据中国国际电子商务中心研究院发布的《2015 中国电子商务报告》显示，2015 年，农村电子商务服务站点已覆盖 1000 多个县近 25 万个村点，农村网购交易额达 3530 亿元，同比增长 96%，农产品网络零售额 1505 亿元，同比增长超过 50%，有效促进了农村产品和日用消费品等的双向流通。

随着电商巨头及资本对农村电商日益重视，农村电商飞跃发展，我国涉农电商已达到数万家。截至2015年底，淘宝村级服务站点超过1万个，覆盖全国20多个省份。阿里巴巴致力于拓展农村市场，深挖消费潜力，据阿里研究院数据显示，我国淘宝村数量已达1311个，大批农村电商通过“互联网+”创业，增加收入，摆脱贫困；京东数据显示，京东乡村推广员达到20万人，服务20万行政村，县级服务中心1400多家，京东服务店布局1400多家，地方特产馆特产店达700多家，京东农资电商的合作涉农企业达200多家。截至2016年10月，京东已开设1700多家“县级服务中心”，拥有超过30万名乡村推广员，“京东帮服务店”覆盖了44万个行政村。苏宁易购计划在5年内建立10000家农村服务站，2015年在三四级乡镇市场开设1500家。

（二）农村电商趋于标准化、区域化、智能化

据调查，全国大多数农村电商越来越规范、标准，生鲜电商将实现“三品一标”化，占农产品交易额比例超过60%。农村电商进行专业化分工，可同时解决标准化、产品安全性，冷链物流等三大难题。农村电商进入一个精准营销新阶段，智能交易、智能支付、智能物流、智能配送、智能仓储等，新信息技术革命带来新机遇。

（三）农村电商服务环境日趋改善

各类专业服务商开始进入农村，提供货源供给、仓储、摄影摄像、图片处理、网店装修代运营、策划运营、融资理财、支付、品牌推广与管理咨询、人才培训、物流、法律等一系列服务，各类电商模式如B2B、B2C、C2C、C2B、O2O以及微电商、跨境电商等在涉农电子商务领域全面涌现。

（四）农村电商产业链不断延伸

为了避免同质化竞争，一些涉农电商企业开始拓展产业链，从零售商转为分销商，从单纯的渠道商转为品牌商，从原材料采购到设计，寻找生产厂家代工，最后将货品分销给其他小型网商，逐步建立以品牌商、批发商、零售商为主体的电商纵向产业链层级。同时，农村电商的交易类型开始从单一的网络零售向复合模式转变，农村电商转型升级能够促进产业的发展，推进传统产业向“微笑曲线”的两端延伸。

二、电商有效激活农村经济的五大表现

（一）电商激活农民消费，释放农村消费潜力

随着国家对农村地区政策倾斜力度的加大，农村流通体系建设加快，特别是电子商务和物流快速发展，以及商贸流通企业纷纷挖掘农村市场，乡村消费品市场日趋活跃，农村消费呈现快速增长态势，增长速度明显快于城镇。据国家统计局统计，2015 年城镇消费品零售额比上年增长 10.5%；乡村消费品零售额增长 11.8%，乡村市场增速比城镇市场高 1.3 个百分点。2016 年 1 月至 10 月，城镇消费品零售额同比增长 10.2%，乡村消费品零售额增长 10.9%，乡村市场增速高于城镇市场 0.7 个百分点。

从 2013 年—2016 年商品销售分类来看，家电、手机、办公电脑、服饰是农村地区居民网购主要的消费品类，食品饮料、化妆品、鞋靴等品类销售额猛涨。

大家电受青睐，小家电消费少。据统计，2016 年“双十一”，京东平台中 280 升以上的大容量冰箱，70% 的销量来自农村；55 寸以上大屏幕电视、滚筒洗衣机 50% 以上销量来自农村。

（二）增加就业，提高农民收入水平

农村电商成为拉动农村消费的重要渠道，推动了农民的就业和创业。如湖南省桃江县是 2015 年被商务部确定的第二批“电商进农村”示范县，截至 2016 年 10 月底，该县共发展电子商务企业 153 家，配套物流企业 32 家，电子商务个体户 2860 多个，电商从业人员 6000 多人，带动当地就业近 2 万人，很多村民不用外出打工，在家门口就能实现就业。就业的增加，提高了农村收入水平，据国家统计局统计，2015 年农村居民人均可支配收入 11422 元，比 2012 年增长 36.1%，扣除价格因素，实际增长 28.3%，年

均实际增长 8.7%。农村居民人均可支配收入年均实际增速快于城镇居民 1.9 个百分点。今年前三季度，农村居民人均可支配收入 8998 元，同比增长 8.4%，实际增长 6.5%，分别高于城镇居民 0.6 和 0.8 个百分点。城乡居民收入比由上年同期的 2.83 : 1 下降为 2.82 : 1，城乡居民的收入差距继续缩小。

（三）农村电商缓解了农产品“买卖难”问题

2015 年，国务院办公厅下发《关于促进农村电子商务加快发展的指导意见》，阿里巴巴、京东等知名电商企业也开始布局发展农村电商，在政府支持和各电商巨头渠道下沉的双重推动下，农村电商快速发展，对农副产品销售产生了深远影响，缓解了多年来困扰农副产品的销售问题。

一是大幅提升农副产品销售额。农村电商的发展，有效促进了农副产品的网上销售，提升了农副产品的附加值，让边远地区的人享受到新鲜农特产品。一些中西部地区农村拥有丰富的农副产品资源，农民也有着多样化的消费需求，而农村电商就可以充当中介的作用，促进了农产品商品化，活跃了农村市场。

二是电商有利于保质期长的农特产品销售。农村电商有利于保质期长的土特产品、手工艺品和服饰类商品的销售。如果运输便捷、物流配送快捷，销售渠道尽可能缩短，将会扩大农村生鲜类农副产品的销售。

三是能够有效带动农村特色产业的发展。它一方面把方便和优惠带到农村，另一方面把农村的特色农产品带到城市，让更多的农副产品通过互联网走向大市场，让农村经济能够面向市场，可以实实在在地推动地区经济的发展和农村居民生活水平的提高，促进了农村发展和劳动力就业。

（四）电商进农村，增加了企业经营利润

多年来，农产品销售一度困扰着广大农村的产业发展，其中固然存在交通不便、企业规模小等原因，但更多还是销售渠道不畅、销售市场狭小等因素制约。在当今移动互联网时代，发展农村电子商务，依托各种电商平台，把本区域特色农副产品外销，有力地带动了当地农副产品的生产和销售。农副产品的网络销售，减少了中间流通环节，提高了销售单价，增加了企业的经营利润。据对 160 家农副产品生产销售企业和电商企业的调查结果显示，有 26.3% 的受访单位认为农村电商对农副产品生产与销售的拉动作用非常大；有 43.8% 的受访单位认为很有作用；有 38.2% 的受访单位认为电商对其经营利润提升了 10% 以上；有 24.4% 的受访单位认为电商对其经营利润提升了 1~10%。

（五）新的商业模式有效疏通了农村商品流通渠道

农业电商主要有两种模式，一是垂直的模式，包括农资电商、农产品电商、淘宝村、特色农产品品牌等；第二种是平台模式，包括全国性的平台和地方的小平台，在终端解决采购、物流、信息、资金问题。大小平台形成良性互动，以小平台为渠道支撑和依托，通过全国性平台便捷地获取商品。目前，农村电子商务发展具有快、广、热等特点，农村网购用户和网购规模快速增长，覆盖面越来越广，社会各界积极投入农村电子商务建设。农村电商的快速发展正极大改变农村商业模式，一方面让农民购物更加方便快捷，丰富购物选择；另一方面，促进当地农产品销往城市、外地，丰富农产品的销售渠道。因此，新的农村商业模式促进了农民消费，释放了购买力，疏通了农村流通渠道，促进了农村经济的加快发展。

三、五大主要问题困扰农村电商发展

（一）人才缺乏是农村电商发展存在的主要问题

由于工资、待遇等各种因素影响，无法留住高端的专业技术人才，加上受制于地区软环境、对人才开发的财政投入等影响，导致人才缺乏。服务人才的整体环境与高层人才的期望也存在差距，导致高层次运营管理电商人才留不住、部分人才外流。同时，高校的人才培养更新慢，缺乏实践经验，造成了该行业人才瓶颈等问题。电商买卖群体年轻化特征与农村适龄上网人群流失严重造成的矛盾还没有得到充分重视。根据阿里巴巴发表的《县城电子商务人才研究报告》显示，未来县城对电商人才的需求将达到 200 万。在农村，31% 的人缺少经验管理的理念，20% 的人缺乏创业知识，另有 14% 的人没有设计网店的能力。

（二）乡村物流配送成本高，配送体系亟待完善

一是由于农村物流起步较晚、基础设施薄弱、商品种类较少、物流需求和供给量较小、居民居住较分散、组织较难等因素，导致农村物流运输、仓储、包装、搬运装卸、流通加工等环节缺乏系统性、高效性、便捷性；二是乡村路网建设还不发达，网购人群分散，购买力较低，“空车跑”现象较为普遍，难以有效分摊物流成本；三是由于农村地域及人口分布广且偏僻，交通运输落后，物流技术难度大，难以彻底解决乡镇、村“最后一公里”的问题，导致企业物流成本过高；四是由于生鲜农产品具有易腐烂和季节性特点，在冷链物流还不具备的乡村，物流损耗相当普遍，无形中提升了物流成本，在高物流成本挤压下，电商公司效益和优势难以体现，时间一长，势必影响农村电商发展。

电子商务的优势是快捷性和费用低，如果物流环节不能体现这一优势，便成为阻碍电商发展的一大瓶颈。由于缺乏健全的物流配送体系，如缺乏专用的冷链运输技术设备，配送点分散，生鲜农产品难以及时配送，致使一些商品难以及时送达农民手中。因此，农村物流成本高、物流“最后一公里”是困扰农村电商企业发展的主要因素之一。

（三）产品质量难保证，急需解决农产品的标准化问题

由于农产品没有统一的标准，加之农产品生产还是以小、散为主，个别大的种养大户和专业合作社缺乏质量意识和品牌意识，没有建立涵盖生产过程控制、质量检验、清理筛选、分级包装、冷藏保鲜等环节的一整套质量管理体系，产品品质难以保证，尤其是消费者关注的“农残留”“激素”问题也急须解决和面对。

（四）销售渠道拓展困难

由于农民普遍文化程度较低，多数农村电商经营者停留在低价销售初级农产品的“搬运工”角色上，产品同质化竞争严重，没有树立品牌意识，对产品包装培育推广和质量保障体系建设缺少重视，没有充分挖掘资源优势和品牌效应，农副产品深加工明显不足，农副产品产业链较短，产品附加值明显偏低，没有意识到标准化生产、产品质量和品牌的重要性，更谈不上以品牌的知名度来拓宽销售渠道，因此销售渠道狭窄，无法有效促进产品销售。调查结果显示，有 41.9% 的受访农村住户和受访单位认为销售渠道拓展困难是农村电商发展存在的问题。

（五）市场竞争激烈，需要解决企业增效农民增收问题

电商进农村以来，各种市场主体蓬勃发展，由于电商进入门槛低，盲目跟风现象突出，易造成相互攀比，同质竞争，影响企业增效，尤其是自建电商平台企业，前期投入大、周期长、回报慢，如果同质化竞争加剧，势必影响企业效益，进而影响农户收入。另外，由于大多数农民刚刚接触电商，认知度还不是很高，还仅仅停留在表层认识，品牌意识、营销经验都还比较欠缺，在众多的农产品生产销售环节中很难获得更高收益。如果大多数电商和农户未能获得预期收益，其积极性和主动性将受到抑制，长期来看，会影响“电商进农村”的发展。

四、加快发展农村电商，激活农村市场的对策建议

第一，大力培养引进电商人才，加强团队建设。一方面，要大力引进互联网和电子商务高层次人才，加大对电子商务创业创新的政策扶持，积极引导在外工作和创业的人才回乡就业创业，鼓励企业面向国内外聘请有丰富经验的专业化团队开展电子商务运营；另一方面，强化本土人才的培养，坚持政府引导、社会参与，进一步整合人才资源。

第二，完善农村市场流通体系，拓宽消费渠道。要借助民营、个体商业的活跃性，建立起国有、集体、个体多载体、多层次、多渠道的流通网络体系，以县城和中心镇为重点，积极发展新型流通业态，把城镇连锁经营、物流配送、代理、租赁、直销、代销等流通形式引入农村市场，为农

民提供物美价廉的商品。要采取有力措施，构建高效安全的流通网络体系，以日用品流通网络和农产品流通网络为重点，推进农村商业网络与供销社、邮政、电信等网络的结合。

第三，切实增加农民收入，提高农民购买力。一要进一步培育农业龙头企业，加快推进农业产业化经营，增加农民家庭经营收入；二要实施科教兴农战略，提高农民素质，加速农村劳动力转移；三要充分发挥广大农民的生产积极性，鼓励农民增加生产投入，稳定增加农民收入；四要向农户推广新技术、新品种，鼓励农民多种经营，并且向规模化、机械化发展；五要鼓励农民工创业，加大扶持力度，制定相关政策，推动个体经济的发展，增加就业。

第四，加快基础设施建设，改善农村消费环境。一是要加快农村电网、公路的建设改造，建立完善的信息网络，增强广播、电视的覆盖率，为更多机电产品进入农户创造条件；二是加快农村市场建设，延伸商品销售网络。积极发展农村小商品市场，鼓励企业采取多种方式，向农民提供价廉物美的商品，引导农民直接进入流通领域，搞活商品流通；三是规范农村市场，整顿市场秩序。要加大城乡打假力度，让货真价实的商品占领农村市场，切实维护农民的合法权益和消费热情；四是加强售后服务，提高面向农民的服务质量。

第五，加大政策扶持力度，积极促进企业进农村。鼓励和支持生产企业走进农村市场，以企业入驻带动农村消费；涉农企业应该树立品牌意识，选好主打产品，利用好低成本载体，做好全渠道营销，将电商平台和实体产业紧密结合起来，落实扶持政策，做好服务，保证企业无后顾之忧；认真抓好产业链招商，充分发挥农产品生产加工和新能源产业优势，积极开展精准招商，确保农民就近择业，促进人员回流。

第二节　经济新常态下农村电子商务的发展

一、新常态下农村电子商务发展前景

随着经济发展进入新常态，农村市场未来发展前景较为可观，“互联网 +”时代的到来更是为农村电商创造了良好的发展机遇。农村电商未来发展前景一片大好。

近年来，伴随着农村电商的诞生与快速发展，各级政府也相继拟定了多项扶持制度，为推进农村电商可持续发展提供了政策保障。2019 年 1 月 1 日《电子商务法》实施，将促使农产品电商进一步规范化发展。此外，2019 年 1 月 29 日，国务院拟定并实施了首个网络直播团体规范:《网络直播平台管理规范》《网络直播主播管理规范》，将加强包括电商在内直播行业的整顿和规范，为农村电商可持续发展提供法律支持。

二、新常态下农村电子商务发展创新路径

（一）加强农村电子商务基础设施建设

要实现农村地区电子商务可持续、稳定发展，需要借助网络和信息技术，加强与电子商务发展相关的硬件建设刻不容缓。我国农村地区网络和信息技术运用主要涉及下述几个方面：第一，农民对网络和信息技术应用观念较为薄弱。在国内东部沿海省份，经济增长速度一直较快，手机、电脑等电子设备应用得到普及，互联网信号稳定，在这种发展条件下，提高硬件基础设施建设水平，关键在于向农村居民普及电子商务理念，为农村居民提供合适的发展平台，对农村居民应用互联网与信息技术进行培训和指导，尤其是在农村居民发展电商的路上提供帮助和指导；第二，农村居

民对互联网与信息技术的认知存在一定片面性，国内中西部地区省份的经济发展水平较东部沿海地区存在一定差距，整体经济增长水平较为缓慢，在农村，居民保守型思想较为常见，对网络的认知和学习存在逃避行为，甚至部分农村居民根本就不了解什么是电商。在这种条件下，要加强电商知识的普及和推广，向农村居民讲述农民电商发家致富的成功案例，政府机构在财政上要进行大力支持，通过让一部分农民接触电商致富，来影响并带动其他村民发展电商。农村居民思想转变过程中，互联网基础硬件设备建设水平也要得到相应提高，提高农村地区网络建设水平，实现互联网宽带村村通，并且保证宽带速度，最大程度保证农村地区宽带服务质量和城镇地区同步发展；第三，要加强网络基础配置建设，针对国内西南和西北部地区来讲，电子商务发展存在很大挑战，在互联网基础建设水平较为滞后的情况下，国家和地方政府要加强财政投入，增加网络覆盖范围和覆盖面积，对农村地区提供资金扶持和政策支持，以村镇为单位配置电脑与移动通信设备，为电商发展提供硬件支持和保证，从而拉动农村地区经济可持续增长，实现农村地区电子商务稳定、有序发展。

（二）积极构建农村智能信息平台

要实现农村电商高速、稳定发展，大数据的应用非常关键，农村居民的购物需求和农村可以提供的产品种类、数目都可以借助信息平台被网络用户所了解，如此一来，电子商务才可以实现可持续发展。当前农业信息网站中很少涉及上述信息，导致农民在开展电子商务活动过程中无法通过大数据了解市场发展动态。所以，加强农村智能信息平台建设成为当务之急，现阶段国内现有的电子商务平台中，阿里巴巴作为影响力最大、信息最为丰富的网站，与大部分农村专业网站较为类似，阿里巴巴网站的服务对象主要是广大农民，农民可以通过阿里巴巴来搭建自己的销售平台，进行产品发布，与此同时也可以通过网站来查找所需要的农产品供应信息。类似于阿里巴巴这种服务型平台较多，加强专业型农业服务网站建设，从而实现信息平台化的发展目标。

（三）多元化提高农村电子商务配套服务

推进国内农村电子商务可持续发展，务必加强农村电子商务配套服务建设，具体可以通过物流、仓储以及售后三个层面来展开。物流上，首要任务是提高农村物流基础硬件建设水平，渐渐形成物流企业向城市边缘进军的物流园区发展格局。政府部门要加强指导，在城市郊区、城乡接合部加强物流园区建设，对迁移到园区的物流企业表示大力支持，从而实现物流产业化发展。除此之外，还应该加强农村第三方物流企业的建设和发展，为推进农村地区电子商务可持续发展提供物流支持。在仓储上，第三方物流可以向着资源共享方向转化和发展，利用整个农村物流资源，加强物流服务，优化其服务效率和质量，进而减少物流方面的资金支出，尤其是推出专业化的冷链物流业务，将显著提高农产品运输效率，从根本上解决农村地区物流仓储难题。除此之外，政府机构还要加强对农村和城市地区大型商场的合作，将商场视为仓储基地，发展成线上购买，线下拿货的模式。在售后上，针对农村地区居民进行农产品生产所需的大型机械设备，以各村镇为单位，成立中心型的综合服务维修点，和线上商家达成合作，发展成流动售后服务点，从根本上解决并保障农村地区电子商务发展售后问题。

（四）加强对农村电商人才的引进

在农村地区电子商务发展过程中，人才这一关键因素不容忽视，但是国内大部分农村地区电商人才严重不足，建议从下述几个方面来展开人才引进。首先，对当地知识青年加入电子商务领域表示大力扶持，当前农村地区人才储备明显不足，高校毕业生更愿意留在城市工作，为了引进人才支援农村建设和发展，当地政府应该推出各项扶持政策；其次，引入外地人才，农村地区应该提高推广和宣传水平，利用高薪资高报酬来引进复合型人才；最后，采用和高校合作的模式，培养电商人才。

第三节　数字经济下的农村电子商务

一、大数据助力农村电商发展

众所周知，全球经济数字化转型的进程逐步加快，我们期待的新时代已经来临，它的新特征是更加注重数据的内涵价值。2018年《全球数字经济竞争力发展报告》蓝皮书指出，我国数字产业发展动能强劲，竞争力排名世界第二，而同样我国综合国力排名也是第二，这充分说明数字竞争力与其整体竞争力高度呈正相关，也即是数字竞争力强的国家一定程度上更容易产生颠覆性创新，从而促进整体竞争力的提升。引领数字经济，壮大发展动能，这就要求我们必须牢牢把握大数据资源，抢占数字先机，掌握我国数据主权，使得大数据助力我国农村电子商务的快速发展。

我国正在加快建设数字中国、智慧社会的步伐，而作为数字中国、智慧社会的技术支撑——大数据，其国家级综合试验区已经建成，与四个集聚区域协同发展，共同进步，这四个区域分别是京津冀、长三角、珠三角和中西部。新时代催生新技术，大数据、区块链、云计算、AI、AR、VR等数字技术的出现，使得电子商务的应用场景更加丰富。与此同时，新时代催生新的营销模式和新的商业业态，如新零售、数字营销等。而对于通过传统线下渠道销售的农村电商企业，它们没有爆炸性级数增长的数据，也就不具备大数据特有的优势，所以大数据必将成为农村电商企业未来的核心竞争力。

二、农村电子商务助力乡村振兴

（一）我国农村电子商务发展增速明显

在数字经济快速发展的背景下，随着我国电商产业规模进一步扩大，其应用领域深化的程度也逐步增强。六年来，我国电商发展热度不减，交易额逐年攀升，最重要的是网络零售额排名全球首位。2018 年我国电商规模增长态势明显，网上零售额 9.0065 万亿元，同比增长 23.9%；农村网络零售额 1.37 万亿元，同比增长 30.4%。

（二）农村电子商务脱贫进程加快

2018 年我国继续通过创建电子商务进农村综合示范县，进一步推进电商扶贫脱贫，实现赋能兴农最大化，扩大农民就业，促进农民收入持续增长。2017 年我国利用阿里巴巴、京东等电子商务平台发掘上线贫困地区商品，实现网络销售额 1208 亿元，成功带动国家级贫困县改善贫困状况，促进农业提质增收，成绩可喜，农村电商脱贫进程得到大幅度加快。

（三）网民规模大幅度增加

互联网在农村地区的普及率显著提升。截至 2018 年 12 月，中国互联网用户数量大幅增加，达到 8.29 亿，其中包括 2.22 亿农村网民（26.7%），农村网民年增长率为 6.2%。

（四）农村电子商务网店突飞猛进，大幅度拉动就业

近年来，农村电商潜力巨大，市场仍未达到饱和状态。农村网上商店的数量一路高歌，高达 986 万家，电商平台众多，包含淘宝、拼多多、云集及有赞等平台，带动就业人数超过 2800 万人。

三、赋能于农，深入推进农村电子商务发展的对策与建议

（一）技术融合激发农村电子商务发展新动能

新时代催生的新兴技术，如大数据、人工智能、AR、VR 等技术日益融合，使农村电子商务的商业场景越来越丰富，进一步激发了农村电子商务的新动力。大数据之“大”，凸显的特征是数据的联通。目前，亟须冲破部门之间存在的数据烟囱，推翻产业之间存在的数据障碍与壁垒，从而加快大数据与实体经济一体化融合发展的进程。

新技术孵化新商业，电商平台与传统产业快速融合，进一步优化供应链资源配置，为数字化生态的协同构建奠定基础；电商运营与社交网络高度融合，促使用户之间黏合关系更加稳定；电子商务与内外贸加快融合，也成为推动资源要素之间自由流动的重要一环。

（二）赋能于农，产业数字化加速推进

“赋能于农”作为新名词，具有新的内涵。它指的是一种具有优质高效资源的农业者与客户之间整合发展的状态，理念是开放共享、合作共赢，达到成本低、效率高、用户满意度好的目标。

新商业催生新业态，我国进入数字经济时代以来，高商品质量和用户体验度得到高度重视，这必然催生新零售业态，其核心竞争力发生较大变化，转向用户满意度的提升与应用场景的丰富。

（三）加大相关基础设施建设，释放强劲活力

配套完善、设备齐全的基础设施是促进电子商务发展强有力的支持，但由于农村地区的基础设施不够完善，这就成为农村电商发展的硬伤与瓶颈。因此，亟须大力实施“互联网 + 流通”，帮助农村电商弯道超车，上升到一个新台阶。

一是加快农村物流体系建设。在财政政策大力扶持的基础上，创新建立资金长效机制，引入民间与社会资本投资，鼓励“四网融合”，构建农村物流体系网。二是加快城乡一体化进程。提高农村地区宽带入网率，扩大农村网民规模，加大宣传，缩小农村差距。三是发展多元化的农村金融体系。整合金融机构、政策性金融、民间信用，创新农村金融体系，更好地为农村电商服务。四是整合物流信息与物流企业。引入并运用好第三方物流企业，建立物流信息共享平台，培养高素质的物流配送人才，加快促进物流支撑体系更加科学高效。

（四）加大监管力度，规范市场运行

一是充分发挥《电子商务法》等法律制度的引领、规范和保障作用，加大监管力度，保障市场更加规范。二是及时梳理、更新与修订，线上线下全面抓，规则统一，让不法分子无漏洞可钻。三是健全新业态标准体系的完善，建立农产品追溯体系，进一步规范市场主体行为，确保农产品电商可持续发展，建设更加“和谐、清朗、规范”的农村电子商务发展新环境。

第四节　农村电子商务对区域经济发展的影响

目前，电子商务已被广泛应用于农村地区，该经营模式对农村落后区域的生产、消费具有明显带动作用，推动农村经济的发展。很多农村以当地优势资源为立足点，通过电子商务模式发展农村经济，以低成本参与电子商务协同价值网络交易中。当前我国农村区域电子商务发展成就突出，且受到政府高度关注，但农村电商发展依旧存在网络信息设施建设落后、无法明确掌握市场信息资源等诸多问题，这和农村区域网络应用技能、组织参与以及地域特征等因素有关，若要将农村电商促进区域经济发展的功能充分发挥出来，就要采取解决这些问题的针对性方法。

一、电子商务对农村区域经济发展的影响

（一）电子商务促进了农村农业的现代化、标准化发展

电子商务不仅为农村经济提供了新发展空间，而且为农村增添了新发展活力。目前农产品经营存在的问题主要是农产品质量问题、销售渠道和品牌推广问题。农村农产品资源丰富，质量具有可控性，但如何拓宽农产品销售渠道直接影响着农村区域的经济发展，而电子商务有助于该问题的解决。过去数十年，农村封闭落后，网络信息也不够发达，农产品销售渠道和范围不足，不能在更大范围推广销售丰富的农产品资源。电商产生后，通过互联网平台推广宣传农产品，农产品销售渠道得到进一步拓宽，在确

保农产品质量基础上，农民通过电商平台销售农产品，为消费者塑造了更为优质、真实的农产品品牌形象，从而达到农产品快速销售的目的。

（二）电子商务对城乡区域协调发展具有推动作用

电子商务有助于开阔农民眼界，农民可通过电商平台知晓最新市场信息，使其信息获取能力得到提升，农民可通过电商平台及时掌握市场动态，并根据市场需求及时改变农产品培育、种植方向。农民可充分利用当地资源优势发展特色农业，创建生产、加工、经营全面展开的完整产业体系，使农业经济效益、质量效益得到不断提升。所以，农村电商对城乡地区要素配置和交换具有推动作用，对城乡经济互补极为有利。

（三）电子商务有助于农村实现精准扶贫

在习近平总书记提出“精准扶贫”理念后，全国各地先后颁布扶贫政策，电子商务也逐渐升级为农村实现精准扶贫的一个重要途径。所颁布的很多政策为开展电子商务扶贫工作提供了政策环境，对农村经济发展具有激励作用。在农村电商平台中，农民可获得农产品品牌建设、产品信息等多方面支持，帮助农村创建良性经济生态圈，有助于农产品销售和推广。对有着丰富资源的农村来说，电商有助于农村发展特色产业，为农民提供更多盈利空间，农民基于产业优势达到农村精准扶贫目的，从根本上解决农村贫困问题。

（四）电子商务对农村大学生就业具有导向作用

近年来，大学生就业成为关乎国计民生的一个重要问题，多数农村大学生在毕业后更倾向于扎根城市，导致农村面临严重的大学生流失问题，造成农村经济发展缺乏足够的人才支持，进一步加剧农村贫困。而农村电子商务能够为农村大学生提供更多就业方向，在解决其就业问题的同时，也将更多创业、就业机会提供给大学生。农村大学生可通过电商平台为家乡经济发展做出一份贡献，以促进当地经济发展。目前有很多高校毕业生利用电商手段，开发出特色农产品品牌，不仅实现了其个人价值，而且也对农村经济发展与人才就业具有很大带动作用。

二、农村电子商务促进经济发展的策略

（一）全面落实农村电子商务扶贫政策

从根本上说，政策扶持对发展农村电子商务具有很大推动作用，同时也是为农村地区营造良好发展环境的保障。第一，应根据当前农村地区电子商务发展现状，制定电商扶贫措施，实现电商扶贫政策适用性、针对性的提升。制定扶贫政策时，应重点考虑群众利益，认真听取农民意见，鼓励农民主动参与电商扶贫工作。第二，提升农村电商资金扶持力度。若想实现农村地区的可持续发展，一方面要有政策保障，另一方面还应该具备资金扶持。所以，应从资金层面支持农村电商，特别是经济困难区域，应采用简化贷款流程、创业补贴以及贴息贷款等方式带动农民的电商创业热情。除此之外，要精准识别电商脱贫人才，通过适当方式扶持这些创业人才，帮助其通过电商平台达到创业目的。

（二）加大融媒体宣传力度，促进电商平台建设

我国农村地区农产品资源优势非常丰富，而强化农产品宣传力度，在市场中树立农产品品牌形象，是发挥电子商务平台优势的关键。所以，若想实现农村电商可持续发展，应借助现代融媒体传播优势。与传统媒体不同，融媒体不存在媒体平台限制，能够有效整合报纸、电视以及广播等传统媒体，实现各媒体资源的交汇互通，使信息传播范围、效率得到很大程度的提升。农村电商和融媒体相结合，有助于电商创业者和农村电商企业开展市场宣传，充分发挥本区域资源优势，通过融媒体平台宣传农产品，在电商平台中打造极具特色的农产品品牌。农村电商应及时和融媒体平台交换信息，做好线上线下农产品宣传工作。电子商务和融媒体相结合的推广模式使农产品营销渠道得到有效整合，有助于农村电商市场竞争力的不断提升。今后农村电商发展中应充分发挥融媒体优势，以吸引更多用户，确保消费者能够获得更优质农产品销售渠道。除此之外，融媒体平台新闻

资讯较多，此时可通过信息资源引流消费者，从而对接更多优质服务资源，打造集购物、新闻、考察于一体的电子商务平台，实现农村电商市场影响力的不断提升，从而实现农村经济的可持续发展。

（三）重视农产品升级与电商品牌培育

农村农产品资源丰富，是在农村区域开展电子商务的重要优势，在很大程度上影响着农村电商的可持续发展。然而，近些年因为农村经济发展缓慢，再加上农业产业化水平相对比较低，由此就对开发农村电商造成很大影响。所以，若想实现农村电商的可持续发展，就应该以本地农产品优势为立足点，重点开发农村特色经济，以对农业产业化进程形成推动作用，将农产品优势深入挖掘出来，注重开发升级新产品。而农村电商品牌的培育需要专业人才的参与和支持，农村电商人才对农村电商发展高度具有决定性作用，所以农村应加大引进与培育专业电商人才，针对当地电商发展模式对从业人员做好相关技能培训工作，同时不断创新电商人才培训方法和内容。此外，还应加强培训农民的电商实践技能，确保农民能够将所学知识转化为实践能力。还应与当地经济文化特色相结合，充分发挥当地文化优势，以深度挖掘产品文化，使农产品能够被赋予更多文化价值，保证农村电商能够对农村经济发展形成推动作用。在农村区域发展电子商务对传承和推广区域文化故事也具有很大推动作用，有助于发展农村第三产业，以此形成极具特色的农村电商经营战略，对农村区域经济发展具有重要意义。

总而言之，电子商务为我国农村地区经济发展做出了重要贡献，当地政府应重视农村经济发展中电子商务平台所发挥的重要作用，应基于我国国情颁布实施相关政策，从政策层面支持农村配套产业与电子商务平台的发展，相关从业人员也要主动学习相关电商知识，创建农产品现代化与标准化营销体系，实现农产品线上销售与售后服务水平的不断提升，只有持续发展农村电子商务，才能保证农村区域经济的可持续发展。

参 考 文 献

[1] 张勤，周卓 . 我国农村电子商务发展的影响因素研究 [J]. 物流工程与管理，2015，37（11）：181–183.

[2] 贺国杰 . 农村电商的物流瓶颈及应对措施 [J]. 物流技术，2015，34（14）：61–63.

[3] 范铁琳，黄灿，张紫涵 . BOP 电商包容性创新案例研究：社会中介视角 [J]. 科学学研究，2015，33（11）：1740–1748.

[4] 穆燕鸿，王杜春，迟凤敏 . 基于结构方程模型的农村电子商务影响因素分析：以黑龙江省 15 个农村电子商务示范县为例 [J]. 农业技术经济，2016，（08）：106–118.

[5] 郭承龙 . 农村电子商务模式探析：基于淘宝村的调研 [J]. 经济体制改革，2015，（05）：110–115.

[6] 李冠艺 . 互联网思维对电商物流再创新与传统物流转型：基于价值连接的思考 [J]. 科技管理研究，2016，36（18）：171–175.

[7] 耿荣娜，曹丽英 . 基于 AHP 方法的农村电子商务发展制约因素 [J]. 江苏农业科学，2016，26（09）：535–539.

[8] 郭鸿鹏，于延良，赵杨 . 电商平台农产品经营主体空间分布格局及影响因素研究：基于阿里巴巴电商平台数据 [J]. 南京农业大学学报（社会科学版），2016，16（01）：42–48.

[9] 董坤祥，侯文华，丁慧平 . 创新导向的农村电商集群发展研究：基于遂昌模式和沙集模式的分析 [J]. 农业经济问题，2016，37（10）：60–69.

[10] 张潇化 . 农村食用菌产品电子商务与物流配送运营服务体系建设 [J]. 中国食用菌，2020，39（02）：137–138.

[11] 李博 . 互联网环境下农村电子商务和物流配送运营服务机制建设研究 [J]. 全国流通经济，2020，（12）：24–25.

[12] 刘柱建 . 互联网环境下农村电子商务和物流配送运营服务机制 [J]. 农家参谋，2020，（15）：36.

[13] 许敏 . 产业集聚、社会关系网络与农村电商创业绩效 [J]. 农业经济与管理，2021，（02）：51–62.

[14] 杜小利 . 农村电商创业能力培养路径研究 [J]. 农村经济与科技，2019，30（10）：156–157.

[15] 高东旗 . 电子商务对农业经济的影响研究 [J]. 现代经济信息，2023，（17）：26–28.

[16] 李创平，李正祥，李琳钰 . 发展农村电子商务在农业经济发展中的重要性及措施探究 [J]. 商品与质量，2023，（15）：141–144.

[17] 徐文 . 电子商务环境下的农业经济发展策略研究 [J]. 南方农机，2023，54（13）：173–175.

[18] 朱晓磊 . 电子商务背景下农业经济发展策略分析 [J]. 商业观察，2023,，（13）：69–72.

[19] 李兴莹 . 我国农村电子商务数字化升级模式探析 [J]. 数字化用户，2023，（18）：7–9.

[20] 王冰玉 . 乡村振兴战略下电子商务赋能乡村经济建设研究 [J]. 商场现代化，2023，（12）：28–30.

[21] 成诚 . 乡村振兴背景下农村电子商务发展策略研究 [J]. 商展经济，2023，（11）：60–62.

[22] 邓驰 . 电子商务在现代经济管理中的应用 [J]. 商展经济，2023，

（11）：63–66.

[23] 荆常家 . 基于 PEST 分析法的农村电子商务高质量发展研究 [J]. 中国商论，2023，（11）：41–43.

[24] 王琳，劳灵珊 . 数字经济时代浙江与俄罗斯跨境电子商务发展现状及思考 [J]. 产业创新研究，2023，（11）：53–55.

[25] 张慧敏，费佳姝 . 数字经济赋能延边朝鲜族自治州旅游电子商务发展路径研究 [J]. 商场现代化，2023，（11）：26–28.

[26] 高连科 . 电子商务对农村经济发展的作用及策略研究 [J]. 农家参谋，2023，（10）：107–109.

[27] 郑桂玲，高杨，徐洁，李旭 . 农村电子商务对乡村经济发展的影响研究 [J]. 办公自动化，2023，28（10）：24–26.

[28] 王宁 . 农村电子商务与物流配送发展研究 [J]. 农村经济与科技，2023，（10）：249–252.

[29] 孙萍，张文杰 . 基于电子商务的农村物流发展分析 [J]. 全国流通经济，2023，34（10）：4–7.

[30] 江育光 . 中国农村地区电子商务营销模式的发展与构建 [J]. 农村经济与科技，2023，34（10）：4–7.

[31] 黄河 . 新媒体运营在农村电子商务中的运用现状及优化策略研究 [J]. 营销界，2023，（10）：50–52.

[32] 张一君 . 区域经济视域下电子商务和物流协同发展对策 [J]. 现代经济信息，2023，（10）：26–28.

[33] 朱平，吴月，杨顺发 . 乡村振兴背景下衡阳农村电子商务发展对策 [J]. 产业创新研究，2023，（09）：106–108.

[34] 展睿 . 互联网背景下电子商务对农村信息化的影响 [J]. 办公自动化，2023，（09）：24–26.

[35] 王慧 . 电子商务时代农业经济管理信息化建设研究 [J]. 大众商务，2023，（09）：166–168.